Leben und Sterben in China

Schuldt

Leben und Sterben in China

111 Fabeln nach 111 Zeichen
aus Lius Wörterbuch

Aus dem amerikanischen Englisch
vom Verfasser

Matthes & Seitz Berlin

Inhalt

Sie sind der Boss

Eine Entführung

Thumbnail sketches. Blitzkarrieren. Romane fast
ohne Worte. Menschen am Abgrund. Selten hat
man den Ernst des Lebens so kraß erlebt, so wahr,
so absurd. Sie halten die Zügel in der Hand. Sie freuen sich
an der zierlichen Tänzerin. Träumen mit dem kräuselnden Rauch vor dem Horizont. Machen sich über
eine schwache, labile Gestalt lustig. Entziffern, welcher Ihrer Freunde hier auftritt, und einen anderen
werden Sie dort drüben wiedererkennen.

Nehmen Sie Partei. Helfen Sie mit dem Daumen
auf der Waagschale des Schicksals nach. Stellen
sich auf die Seite des gutmütigen Schafs, oder des
bösen Helden, dessen wüstes Tun sie fasziniert. Betrachten Sie jede Wendung der Ereignisse durch die
Brille Ihrer Lebenserfahrung.

Natürlich steht es Ihnen frei, in dem Essay *Was
zusammen gehört* all die Sachen zu lesen, von denen
Sie schon immer nichts wissen wollten. Dafür ist er
doch da.

Hier der Bauplan. Jede Fabel ist nur mit den paar
westlichen Wörtern geschrieben, die für ein einziges chinesisches Zeichen stehen. Theoretisch

also nur *Tisch Tisch Tisch Tisch.* Ist aber nicht so. Das ist das Tolle daran und das Rätsel. Es liegt an den 8000 Meilen zwischen New York und Hong Kong. Sie stecken in jeder einzelnen Zeile.

Jeder Text trägt einen Titel. Darunter in Klammern die Kernbedeutung des Zeichens, aus dem der Text stammt. Auf der linken Seite daneben steht das Zeichen in all seiner roten Pracht.

Diese lebendige Schrift der Zeichen hat nach langer Suche Liu Yang gefunden, die auch die Schätze des Glossars zusammengetragen hat.

111 Zeichen und 111 Fabeln

Siehe Glossar Seite 271

Er mischt sich ein

(Die Furt)

Der watende Vogel ist ein Störenfried in der Furt. Ungebeten mischt er sich ein. Quer geht er durch den Strom, zieht durch die Welt, gewinnt große Erfahrung. Die Vertrautheit mit der Welt macht ihn zum Raconteur. Er verwickelt andere in Prozesse vor Gericht. Dabei geht es um frühere Erlebnisse. Sie werden nur flüchtig ausgedeutet. Wenn er nicht verhandelt, verlegt er sich auf Quertreibereien. In Schwierigkeiten zieht er dich mit hinein. Keiner macht sich etwas daraus.

Ihr Flehen

(Einen Fleck machen)

Sie fordert einen Mittelsmann auf, einen Handel zuwege zu bringen. Sie möchte um einen gütigen Gefallen bitten. »Schände mich,« fleht sie von Herzen, »besudele mich.« Wasser fließt dahin.

Sie beauftragen einen Heiratsvermittler. Ein Fleck taucht auf, irgendein übelriechendes Zeug. Das bedeutet Mißhelligkeiten.

Ein Wasserfall

(Vorhänge)

Ein Paravent oder ein Vorhang. Drinnen und
Draußen. Hier das Private, dort das Öffent-
liche.
Du läßt einen Vorhang herab. Ein Wasserfall
tost hinab. Du beauftragst stellvertretende Leser, sie sollen die Schriftzeichen in ihrer Raserei von oben nach unten fassen.* Aufsätze
stürzen in Kaskaden herab oder bilden einen
Wandschirm, vielleicht zwischen dem Öffent-
lichen und dem Privaten. Vorhänge, die sich
im Wind bauschen.
Du delegierst Autorität. Ein Wolkenbruch
von neuen Posten geht nieder.

* Das traditionelle Chinesisch wird seit ein
paar tausend Jahren in senkrechten Zeilen
von oben nach unten geschrieben.

Der Bote

(Schritt)

Der Schritt. Das Maß von fünf Fuß. Der Steg am Wasser. Ein Nachname? Nein, ein Schicksal! Boten zu Fuß. Ein Regal mit vielen Böden. Infanterie. Die Gebührentabelle des Arztes marschiert auf. Ein Wachtposten auf seinem Gang, ein Gefolge oder die Schar der Begleiter. Eine Leiter. Ein Zaun, um den Staub abzuhalten. Das Gewehr auf diesem Gehsteig. Die offene Veranda. Der nackte Fuß in der offenen Veranda. Wie langsam er geht! Betritt das Wasser gemessenen Schrittes. Du aber gleitest zurück. Du paßt dich dem Rhythmus eines anderen an. Fortschritt. Laß noch etwas Platz für den Rückzug.

Der Stubenhocker

(Anhänglichkeit)

Er verliert sich in Sehnsüchten. Im Lauf
der Zeit hängt er immer mehr an seinem
Meister. Er ist viel zu faul um aufzuste-
hen. Er verzehrt sich bloß nach Huren.
So sind nun einmal die Liebschaften eines Stubenhockers. Er kann von seiner
unerwiderten Liebe nicht lassen und, ja,
er klebt an seinem Posten.

Siehe Glossar Seite 272

Armut

(Kalt)

Wenn ein Mann erst einmal auf das Betteln angewiesen ist, wirft es ihn in eisiges Wasser. Er schreibt
auf dem eisigen Wasser. Es gibt einen Spiegel ab. In
hundertfachem Vibrieren wirft es die Pinselstriche
zurück. Sie liegen auf dem Wasser wie die zarten
Haare auf der Haut oder all die Adern im Marmor.
Sein Gesicht ist rein. Es hat den zarten Teint küh-
ler Jade. Er verzehrt eine Wassermelone. Er bewegt
sich unter armen Leuten und setzt sich zu der aus-
gebrannten Asche eines Feuers. Ein einsames Licht
in der kalten Nacht zeigt ihm den Weg zu einem ab-
gelegenen Dorf. Es ist verlassen. Ein Dorf leer wie
ein höflicher Gruß, niedrig wie das Thermometer,
eisig klamm wie ein vergessener Eid.
Eine Zikade verstummt in der Kälte. Ein Mann
versteht seinen Mund zu halten.

Die Laterne führt

(Heben, Tragen)

Immer schafft eine Laterne günstige Bedingungen. Ihr Licht geleitet deine Freunde und leistet ihnen Beistand wie ein Krug erfrischenden Weines, der den Geist beschwingt macht. Eine Geldbörse hebt Scheine von der Bank ab, genug, um Energien zu wecken und die Truppen dreist und mutig zu machen.

Die Vorladung wird den Verbrecher vor das Gericht schaffen und die Parteien aufeinandertreffen lassen. Eine Geige bewegt Marionetten. Sie holt die Kindheit zurück. Lockende Worte werden aussuchen und eine ausgeglichenes Sortiment zusammenstellen. So übermitteln sie Vorschläge und stellen sogar einen Kandidaten auf.

Wörter für Dinge zum Holen sind ein Ranzen und ein Eimer, ein Seefrachtbrief, ein Koffer und ein Schlafsaal.

Ihre Finger

(Deuten)

Sie schwört beim Himmel. Während sie mit den Fingerspitzen ihre Nagelschere betätigt gibt sie Anweisungen. Sie verleitet andere dazu, Dinge zu unternehmen, als wäre sie ihr Kompaß. Aber dann wiederum hilft sie einem Freund in Not.

Sie gibt eine Massage oder steckt ihre Finger in die Torte. Vor Gericht erhebt sie Anschuldigungen. Mit einem Extra-Daumen leitet sie an. Sie zeigt nach vorn, aber zum Zählen biegt sie ihre Finger einzeln nach unten.

Kumpane

(Anlaß)

Alte Freunde versammeln sich auf heimatlichem Boden. Das alte Zuhause löst eine Rückkehr zu ihren früheren Persönlichkeiten aus. Schließlich ist es das Geburtshaus und hat eine Geschichte zu erzählen. Vorsätzlicher Mord. Aber sind das nicht die üblichen festen Bahnen?

Ganz und gar willkürlich verhängen sie schwere Strafen. Diebesgut wird bereitwillig gekauft. Was sind schon die Vorsätze, wenn nicht eine ausgefahrene Straße, gepflastert mit Duldung und Einverständnis?

Warum? Weshalb? Zu welchem Zweck? Er sprach in Anspielungen. Nach einem Unfall wurde er krank, starb dann aber an Belanglosigkeiten, für die es keinen Grund gab.

Der Wendepunkt

(Einsammeln)

Er hört auf zu arbeiten. Die Wunde schließt sich. Er holt die Segel nieder und geht an Land, um die Ernte einzubringen.

Dort wird ihm ein Brief übergeben: entweder ist sie im Gefängnis gelandet oder in einem Krater. Auf jeden Fall ist die Sache zu Ende gebracht. Die Truppen werden daher zurückgerufen.

Er empfängt Geschenke, nimmt auch wieder Schüler an. Seine Anhängerschaft hat er zurückgewonnen. Die Lage ist gerettet. Er gewährt Schutz und Unterkunft. Auch die Toten sammelt er ein und bestattet sie. All das trägt Frucht. Flüchtlinge kommen an. Sie werden hereingelassen. Schulden werden eingetrieben.

Es wird die letzte Aufführung der Pflückmaschine sein, ein Epilog oder Telegraphie-Empfänger. Allerdings hält er Menschen in Haft, obwohl er Bestechungsgelder annimmt. Nachdem er einen Staubjäger akzeptiert hat, wird er von einer Hebamme untersucht.

Er schrumpelt ein, trocknet aus. Scharf zügelt er das Pferd. Die Ernte versagt.

Des Kaisers Klage

(Einsamer Waise)

Ich, Euer ergebener Herrscher, der König, unwillens, anderen den Speichel zu lecken, ein einsames und trostloses Leben, das einzige überlebende Exemplar eines seltenen Buches, ein einsiedlerisches Individuum, ich, der ich allein schlafe, nur mit einem Kissen als Gefährtin, der ich verlassen dastehe und deklamiere, auf verlorenem Posten, überragend, narzißtisch, eine einsame Kiefer, ein dem Untergang geweihtes Bataillon, der letzte und einzige Pfahl, ein vereinsamter und elender Mann, undankbar, unnahbar, ein Fels, eine Insel, ich, der Kaiser, vaterlos und verarmt, dürftig und demütig, ich, ein einziger Reiter, ein Sonderling, der sich ganz allein hochschwingt, nur von einer Lampe begleitet.

Der Schlafredner

(Versprenkeln)

Wasser zu versprengen ist wie belanglose Lügen von sich zu geben. Was dich selbst betrifft, du läßt fahren, oder du stirbst und wirst ausgestreut.

Bist du ein Desinfektionspulver? Machst du Wasser?

Du setzt frei, oder vielmehr, du fluchst und wirfst mit ordinären Wörtern um dich. Dein Verhalten ist aufgeblasen. Überhaupt führst du dich auf wie ein Bagger.

Du säest Saaten. Du machst Metallguß. Du verschwendest oder du schmollst oder du weinst ganz betörend. Du saugst dir gewaltige Anschuldigungen aus den Fingern und sprichst sogar noch in deinem Schlaf.

Das Jucken

(Ärgernis)

Was auch immer seinen Geist ärgert, er biegt es nieder, zwingt es zur Unterwerfung, schlägt es gänzlich in die Flucht. Gemüse schrabt er ab. Herzen stürzt er in Verwirrung.

Da juckt etwas. Verdutzt kratzt er sich am Kopf. Aber er scheut nicht zurück und gibt nicht nach. Ihm ist keine Furcht anzumerken.

Entblößen

(Sich greifen)

Als wollte sie einen schlafenden Hund
wecken, entblößt sie sich vor einem
Kerl. Sein Feuer zu schüren, seine Leidenschaft anzustacheln, zieht sie ihr
Gewand hoch. Oh wie sie ihn verlockt!
Chaos bricht aus. Alle Unordnung geht
von ihr aus.
   Da fielen ihnen allen die Gesichter
von den Köpfen.

Es geht nirgends

(Danebenlegen)

Er möchte es beiseite legen, kann aber keinen Platz dafür finden. Das Schiff ist auf den Untiefen gestrandet. Warum hat er bloß seinen Federhalter aus der Hand gelegt? Tändelei und Zeitvergeudung. Ein Vorhaben wird auf die lange Bank geschoben.

Der Unterschied

(Vertreiben)

Er verwirft. Er wirft beiseite. Er vertreibt. Schließlich wird er selbst in die Verbannung geschickt. Auf diese Weise eignet er sich dazu, den Unterschied zwischen dem Gastgeber und seinen Gästen zu überbrücken.

Der Haufe

(Dagegendrücken)

Es kommt zu einem Ansturm auf die Kassen der Bank. Eingekeilt in die Menschenmenge, zwinkert er anderen zu und drückt Hände. Dann erzwingt er sich den Weg durch die Menge, drängelt sich durch bis ganz nach vorn. Da wird es eng für ihn, er gerät in eine Klemme. Er wird totgequetscht.

Mit den Ellbogen kämpft er sich frei. Wäsche wringt er, Kühe melkt er, Obst zerdrückt er. Mit seiner heißgeliebten Böswilligkeit schmiedet er ein Komplott zum Sturz eines anderen Mannes. Er verletzt den Kerl und hält ihn nieder. Wie im Vorbeigehen bringt er noch jemand anders in Verlegenheit. Sie rempeln sich an, aber dann rotten sie sich gegen die anderen zusammen. Gemeinsam gereichen sie den Übrigen zum Nachteil.

Wörter zum Schrubben

(Scheuern)

Radiergummi

Feuerstein

Handsalbe

Zahnpulver

Staubwedel

Schweiß abwischen

Auslöschen

Diele schrubben

Firnissen

Den Körper bürsten

Glänzend reiben

Streichholz anreißen

Fortwischen

Sich die Nase pudern

Trockenreiben

Sich die Tränen abwischen

Haut abschürfen

Messing polieren

Schuhe wichsen

Geschirr abspülen

Gesicht reiben

Ofenputzmittel

Glatt schleifen

Die böse Wurzel

(Sünde)

Der Sohn einer Dirne, die Sünde eines längst vergangenen Tages. Mit diesen Worten kannst du auf deine Mängel hinweisen.

Ein Kind der Verderbnis ist die Wurzel allen Unglücks. Ein schlechtes Ei, ein Fluch, der auf den Flucher zurückfällt.

So sät ein Genie des Bösen die Saat seiner eigenen Zerstörung.

Den Massen eine Wohltat

(Mut fassen)

Sie ruhen, sie zittern. Sodawasser, drei berühmte Dichter, eine rauhe Nessel. Ein medizinischer Wein. Das Mädchen kehrt ins Leben zurück.

Man sammelt Feuerholz und Gras. Die Not der Massen wird gelindert.

貼

Das Mädchen

(Kleben)

Die vergoldete Freundin zeigt sich als bereitwillige Zuhörerin. Ein körperliches Ankleben. Sie unterwirft sich. Sie ist nichts weiter als eine hingebungsvolle Form aus Hackfleisch. Ihm als Dienerin zugewiesen, schmiegt sie sich an seinen Leib. Dazu ist sie korrekt hergerichtet, als breiter Saum an einem langen Gong.

In seiner Gesellschaft verzehrt sie Papiermaché. Sie schlägt Bekanntmachungen an und klebt ihm ein Hexenschußpflaster auf. Ihre Gesichter reiben sich aneinander als wollten sie sich kopieren.

Wer nicht kräftig genug ist für den Militärdienst zahlt stattdessen eine Abgabe.

Der Schweiß der Sympathie

(An den Tag bringen)

Ein prominenter Mann ist ein gut ausgedrücktes Menschenwesen. Die Körperhaltung eines Menschen ist ein Signal. Schweißperlen bezeugen Sympathie. Sie verraten schon eine freundliche Entscheidung.

Die Frau des Cousins kennt man so von außen. Was das Auge zu sehen bekommt ist nur die Ackerkrume obenauf. Oder ein Guckloch, vielleicht sogar Kimme und Korn.

Schrift nach den Lauten ist oberflächlich. Bäume markieren die Chaussee.

Siehe Glossar Seite 273

Grünes Obst

(Lebenskraft)

Die lebenden Menschen müssen erst noch reifen. Fremde sind sterbliche Neulinge, Heizer oder Feuerwehrleute mit Händen wie unreife Birnen.

Sie heckt allerlei Unfug aus und wird krank. Ihren Unterhalt kann sie nicht mehr verdienen. Ihr Ärger flammt auf. Das ist ein Lebensfunke, ein neuer Atem. Sie versucht Wurzeln zu schlagen, muß aber feststellen, daß sie außer Übung ist. Das liegt daran, daß sie schon lange keine Wilden mehr gesehen hat.

Ihre Zweifel wachsen. Wunde Stellen brechen in ihrer Haut auf. Sie bekommt sogar ein Magengeschwür. Sie fängt eine Klasse junger Schauspieler lebendig ein und zieht sie groß. Aber dann machen sich wilde Tiere mit den Leben ihrer demütigen Studenten davon. Die Bestien leben die erbeuteten Leben. Doch wie Ätzkalk erheben sich die Schauspieler vom Tod.

Orte und Leute sind ihnen fremd. Der Mensch bringt bei der Geburt nichts mit, und beim Tod nimmt er nichts fort.

阿

Schultern

(Vorurteil)

Das Steilufer am Fluss. Der Tragbalken. Schultern und Übereinstimmung. Für einen Hansdampf in allen Gassen hat man nur Verachtung.

Eine Fee hilft dem Donnergott mit seinem Bollerwagen. Der Taucher mit dem roten Kehlchen ist servil. Er trifft sich mit Mama auf dem Abhang des hohen Bergkamms. Wer? Schmeichelei.

Mach heiligen Wässern den Hof. Sprich Pralinen in honiggetränkten Worten. Preise die Himmel, plustere dich auf. Schwatz den Leuten etwas ab. Red' ihnen nach dem Mund und besänftige sie. Butter ist des Arsches Leim.

Die Mönchskutte

(Vielzahl)

Myriaden von Meinungen. Bilder von zahllosen jungen Kindern. Dazwischen die ganz und gar weiße Blume. Der Vogel aus schwarzen Federn trägt eine Mönchskutte aus hundert Flicken.

Das Hirn ist bloß ein Rosinenkuchen unter einer Million. Die Juwelenschatulle im Faltenrock ist wirklich ein Allheilmittel. In dem Buch der Familiennamen stecken viel Gaunerei und große Verschlagenheit. Jalousien verdecken alle möglichen bösen Folgen.

Ein Kinderkleid aus lauter Stofffetzen, von vielen Häusern zusammengebettelt, bringt Glück.

Feuchte Lippen

(Nach der Zukunft greifen)

Während sie sich voller Anmut erkundigt leckt sie sich die Lippen. Mit Haken und Leine geht sie in dem Bach angeln, mitten zwischen niedrig daherjagenden Rauchfetzen, überhängenden Zweigen der Trauerweiden und einer mit buschigem Haar bekränzten steilen Rückenflosse. Das Wasser läuft ihr im Mund zusammen.

Zum Zuhören beugt sie ein Ohrläppchen herunter. Dann vergießt sie Tränen. Schlappohrig steht sie vor dem Tor des Todes und schlägt die Augen nieder.

Siehe Glossar Seite 274

Im Schutz der Dunkelheit

(Gelegenheit ergreifen)

Raus an die Luft. Geh spazieren. Reit ein Pferd, nimm ein Boot, fahr ein Auto. Vervielfache dich! Bring das im Schutz der Dunkelheit hinter dich. Mach dir den günstigen Wind zunutze. Schwimm mit der Tide.

Pack die Gelegenheit beim Schopf! Weite den Spalt, stell sogar deinen Fuß in die Tür, ja, treibe einen Keil zwischen die Menschen. Säe Zwietracht, damit deine Pläne florieren. Reite auf dem Kamm der Wogen und nimm dir den Platz an der Spitze der Tafel.

Prominent

(Konvex)

Vorstehende Zähne sind Skulpturen der Schrift, ins Relief geschlagene Schriftzeichen.

Prominente Menschen beugen sich vor. Sie stehen in dem Erkerfenster. Pikiert und mit vorstehenden Insektenaugen lassen sie den Blick vom erhöhten Eingang weit hinausschweifen.

In die Hände Klatschen

(Auf Leben und Tod kämpfen)

Erst räumt er den Wirrwarr beiseite. Dann stürzt er sich in unüberlegte Spekulationen. Er dringt in die Rechtschreibung ein. So leidenschaftlich ereifert er sich darüber, daß er seine alten Knochen dabei aufs Spiel setzt.

Verwegen führt er sich auf, singt und klatscht dabei in die Hände. Eine Staubschaufel. Vorbereitungen auf eine Reise. Tatsächlich, er schwingt sich zum Himmel auf.

Ein Teufelskerl

(Herausziehen)

Er zieht sein Schwert, reißt einen Berg aus, extrahiert einen Zahn und befördert fähige Männer. Gift zieht er aus den Leibern. Unkraut rupft er aus. Selbst die Haare der Augenbrauen zupft er aus.

Kaum hat er die Tür aufgemacht, gerät er in ein Tauziehen. Er zieht die Zeltpflöcke aus dem Boden, lichtet die Anker und macht sich aus dem Staub.

Bei der Nase

(Zupfen)

Sie pflückt Blumen. Während sie Räucherwerk abbrennt, blättert sie in den Seiten eines Buches. Liebkosend umgreift ihre Hand eine Schnitzerei. Sie faßt den Jungen bei der Nase während sie zwischen den Fingern ein Bonbonpapier zwirbelt.

Sie greift zu ihrem Federhalter, schreibt hastig. Den Bart ihres Vaters betastet sie. Die beiden ziehen Lose.

Der Leichtsinnige

(Im hohen Bogen werfen)

Er poliert Sachen auf Hochglanz. Er spielt einen Ball zu, schießt mit einer Schleuder. Er gibt sich geschäftlichen Spekulationen hin, bis ihm davon schwindlig wird. Dann verläßt er sein Zuhause.

Sein Ackerland läßt er brach liegen. Er weitet sich aus, vergeudet dabei seine Reichtümer. Er wirft ein Netz aus. Auf diese Weise wählt er sich ziemlich ziellos eine Frau.

In der Dünung vor Anker liegend wirft er hierhin und dahin und dorthin.

Eine Attraktion

(Herbeischleifen)

Ein vernachlässigt aussehender Kerl geht auf die Toilette. Er schwatzt und klatscht, lockt Kunden an, schüttelt ihnen die Hände, aber dann zieht er ein Messer. Er hält sich gut. Da er auch noch eine Peep Show betreibt und Geige spielen kann, gilt er für eine ziemliche Attraktion.

Er greift sich die Seelen der Ertrunkenen. Erst schäkert er mit ihnen, dann setzt er sie in sein Boot, das er an einem Tau hinter sich herzieht. Die Reise führt sie alle in eine hin- und herwogende Schlacht. Er holt sich die Cholera und zieht dauernd an seinem Reißverschluß.

拍

Es klopft an der Tür

(Aufklatschen)

Ein Versteigerer ist ein Vogel, er schlägt mit seinen Flügeln. Wenn du an die Tür klopfst, wirst du mit einem Klaps auf die Schulter belohnt werden. Der Betrüger verwendet Rauschgift, um Kinder zu entführen. Als er Bilder von seinem Fang aufnimmt, schlägt er sich dabei auf die Brust. Mit der Klatsche erwischt er eine Fliege.

Lobhudelei fliegt hin und her wie ein Federball. Der Rhythmus einer Musik. Ein Metronom, und dazu Wörter, die jedermann Angst machen.

Abschied

(Zerstörung)

Ihre Kleider waren zerfetzt. Ihr Haus war dem Erdboden gleichgemacht, ihre Möbel in Stücke zerschlagen. In einem Zelt brachen sie das Siegel auf und öffneten den Brief. Mann und Frau waren voneinander geschieden.

Die Farbe wechseln

(Vagabundieren)

Ein Mensch im Exil ist ein Leben, dessen Farbe verändert wurde. Sein wandernder Zorn zieht von einer Sache zur nächsten weiter. Seine Gewohnheiten sind erschüttert. Er wird reizbar. Er verlagert seine Gefühle ebenso wie er die Wohnungen wechselt. Er sehnt sich danach, entgegenkommend zu sein.

Als Kompromiß erklärt er sich einverstanden, den Sarg woanders hinzustellen. Er ist bloß ein Umherziehender. Obdachlos. Ein vertriebener Mieter.

Meine Mutter

(Was fehlt)

Meine Mutter leidet Entbehrungen. Sie ist nicht bei guter Gesundheit. Sie gähnt und reckt sich, wenn sie ermattet ist. Es ist ein bißchen ungehörig.

Einmal hat sie ein leichtfertiges Versprechen gegeben. Sie schuldet ihrer Nichte einige Dankbarkeit dafür, daß sie ihr aus dieser Falle herausgeholfen hat. Ich meine, sie müßte einmal über das Knie gelegt werden.

Den Ernten fehlt der Regen. Heute ist kein glücklicher Tag zum Ausgehen.

Ausblick am Mittag

(Pause machen)

Der Glatzkopf hält seine Zunge im
Zaum. Ein kurznasiger Jagdhund leidet an Erschöpfung. Sein Puls geht
unregelmäßig. Ein Mann wird um
die Mittagszeit kühn. Der Ausblick
ist weit und hoch.

Siehe Glossar Seite 275

Sein Traum

(Zerbrochen)

Spuren von Tränen oder Stoppeln im Sonnenuntergang. Banditen auf freiem Fuß. Unbeweglich hängender Rauch, eine zerbrochene Steintafel. Er ist noch ganz in den Bildern seines Traumes gefangen, seines Traumes von Krüppeln und niedergebrannten Kerzenstummeln, von schmutzigem alten Schnee und Fischresten vom Vortag.

Besucher sind Hackeneisen. Als ausgestreute Blütenblätter treiben sie dahin, spärlich und fern wie Morgensterne.

Ein waagrechter Strich

(Einssein)

Eins, oder das Erste

Ein Einen, ein Trennen

Ein schlichtes Wort, ein Mann, ein Schlag

Ein Tagwerk, ein Mund, ein Strohhalm

Alle Mann, eine Herde, eine Handvoll

Ein paar, ein Anfang, ein Stück Tuch

Ein Windstoß, ein Paar Hosen, ein Grashalm

Ein Schwarm von Fischen, ein Stück Zucker, ein Regenschauer

Eine Schulter, ein Klumpen Erde

Plötzlich, eine Scheibe

Die Hälfte von etwas

Der Athlet

(Schicksalswende)

Der Umfang des Auges beträgt etwa einen Zoll. Das Schicksal ist ein Athlet, der in dem salzigen Kanal trainiert. Mit kurzen Stößen treibt er einen Ball vor sich her, ganz nach den Gesetzen der Mechanik. Er findet das nicht schwerer als die Hand zu schwenken.

Eine Wende zum Besseren wird über das Meer kommen.

Untätiges Geld

(Schlendern)

Der Sohn auf Wanderschaft bewältigt seine Aufgaben mit Leichtigkeit. Auf einem Frühlingsausflug findet er plötzlich Gefallen an wehendem Staub. Ein weitgereister Priester ist sein Gefährte bei den Vergnügungen. Sie zeigen sich als Müßiggänger, unternehmen eine Flußreise und legen Enthusiasmus für neue Freundschaften an den Tag.

Landstreicher streunen und schwadronieren. Nomaden spielen ein swinging Vibrato. Der wandernde Gelehrte in seinem Lustboot hüllt sich in schwebendes Mariengespinst. In verzweigten Korridoren schweift träge Gleichgültigkeit umher.

Unproduktives Geld im Markt hebt viele Dinge aus den Angeln.

Siehe Glossar Seite 276

Die Witwe

(Erwartung)

Sie schaut zum Himmel auf, wobei sie zugleich den Teint des Gesichts eines Mannes mit in Anschlag bringt. Dies ist ein ersehnenswertes Land. Ich hoffe, Sie werden mir eine Einführung geben.

Die Witwe blickt mit starren Augen in die Weite. Immer macht sie sich vergebliche Hoffnungen auf baldigen Regen. Als sie den Staub sieht, den ein Reisender aufwirbelt, bekommt sie Sehnsucht nach Besuchern.

Da sie sich nicht auf die Mächtigen stützen kann, stellt sie sich auf die Zehenspitzen wie eine Sonnenblume und zählt auf ihr Prestige.

Beredsamkeit

(Untreu)

Wie eine Blume verlockt der redegewandte Mund eines Bettlers die Leute dazu, ihr Geld für Schönheit zu verschwenden. Eine gescheckte Kuh zerkaut Bögen von reich verziertem Einwickelpapier.

Ein Schauspieler spielt die Rolle einer jungen Dame. Auf Schlittschuhen läuft er Figuren auf dem Eis. Sie zeichnen seinen Spitznamen in ornamentaler Schrift. Davon belebt und erheitert, setzt er sich auf ein Polster aus aufgetürmten Blumen und verzehrt in Öl gebackene geflochtene Teigzöpfe.

Er spielt um Geld. Als Würfel dient ihm dabei ein Plagegeist, die Bremse, die das Vieh sticht. Das ist ein gerissener Trick. Feuerwerk und Knallkörper sind nach seinem Geschmack. Seine Pockenarben gehen als Schnittblumen durch, seine Schneeflocken für Popcorn.

Gesichtswasser bringt Scherereien für den Brautpagen. Schmutziger Schaum auf dem Indigo-Bottich sorgt für eine interessante Episode. Die Straßen in dem Rotlichtviertel sind mit Flaggen und Laternen behängt. Blumenuhren wetteifern mit Damenpantoffeln. Bemalte Kerzen sind kurze Speere. Zum Geburtstag der Blumen wird ein Boxschaukampf abgehalten.

Die Vogelscheuche

(Bitteres Wermutkraut*)

Im Alter von fünfzig Jahren wird der Mann zu einer Vogelscheuche aus weichen Blättern. Stammelnd erzählt er von den stillen, ereignislosen Zeiten, die er bei den Ureinwohnern zugebracht hat.

Das schöne Mädchen formt eine Tigerpuppe aus Pflanzenfasern. Sie reißt Gras mit der Wurzel aus und legt sich begabte Männer zum späteren Gebrauch beiseite.

* Findet in der traditionellen chinesischen Medizin zum Einräuchern von Stellen des Patientenkörpers (Moxibustion) Verwendung.

Erdbeeren

(Gras)

In den frühen Stadien der Schöpfung war die Erde ein ungerittenes Hengstfohlen. Dürftig bewaffnete Banditen im Dschungel bringen in großer Hast die Erdbeeren runter. Was für ein ungeschlachter Anfang!

Der Einfaltspinsel schläft in der Wildnis. Dort wird er zum Geächteten. Da verkriecht er sich im Gras, ein Kerl mit einem furchtsamen Hühnerherzen, der Strohsandalen trägt.

Eine Schlange kritzelt sich auf den Boden, das vorsichtige Geschlängel eines unbeholfenen Schriftstellers. Den pflockt man zum Grasen mit einem Seil an. Oder ist es bloß eine Attrappe? Eine leere Schaupackung auf einem brachliegenden Acker?

Eine Frau beim Gebären. Eine Fruchtfliege in der Oase. Gras auf einer Mauer hat keine eigenen Meinungen.

Hundeschlaf

(Flach)

Ein Backblech in dem blaßblauen Farbton der Engstirnigkeit. Ein kurzhaariger Pelz in seichten Gewässern. Ein flüchtiges Lächeln, vielleicht in wäßriges Rot getränkt. Eine Freundschaft nicht fester als der Schlaf eines Hundes.

Unbedeckte Saatkörner auf dem Boden treiben mit den Strömungen der Luft dahin. Wie leicht es doch ist, die Anfangsgründe des Glaubens zu erlernen!

Wer nach einer Seekarte aus Blättern getrockneten Tangs navigiert, wird bald auf Grund laufen.

Sein freier Tag

(Schenken)

Er ging ein kurzes Stück Weges mit mir. Das tat er mir zu Gefallen an seinem freien Tag. Geschwind trug er das Wasser bevor er es mir mir aushändigte.

Mit Staunen betrachtete er den Ventilator. Er genoß den Anblick solch behender Leichtigkeit, das Surren und die mühelose Raserei. Als er mich zur Abfahrt brachte, machte er mir seine Liebe deutlich und zerstreute meine Sorgen.

Später erschien er mir in einem meiner Träume, worin er eine Braut zu ihrem neuen Zuhause begleitete, den Lieferboten bestach, sich überschwenglich bei ihr bedankte und sie mit Geschenken erfreute.

Gelegenheitsarbeit

(Medizinisches Pulver)

Gelegenheitsarbeiten lassen sein Herz höher schlagen. Man sieht ihn hier und da, wie verstreute Kleiderfetzen. Irgendetwas stimmt nicht mit seinem Sehvermögen, alles scheint verzerrt. Er kann seine Schriften nicht wiederfinden. Er unternimmt einen Spaziergang, gerät aber schon bald in ein Scharmützel.

Um seinen Trübsinn loszuwerden sprengt er eine Versammlung. Sein Haar ist zerzaust, seine Aufmerksamkeit fahrig und zerspalten. Er kann sich nicht auf die Sachen konzentrieren. Indolenz zermahlt ihn zu einem feinen Pulver.

Siehe Glossar Seite 277

Eine gefährliche Stelle

(Absolut zerschneiden)

Mit außerordentlichem Geschick wurde er der Brust entwöhnt. Ein meisterlicher Zug versetzt ihn an eine gefahrenreiche Stelle. Unter keinen Umständen ist er bereit, sich in eine andere Form zu gießen.

Nie ist ausgesprochen worden, was für ein seltenes Exemplar er auf seiner fernab gelegenen Insel ist.

Als allerstes am Morgen bricht er in Lachkrämpfen seine Freundschaft ab. Er will nicht bei ihr sitzen. Er will nicht heiraten. Von Abscheu erfüllt bricht er auf.

Er fliegt schneller als der Staub. Er überquert das Gebirge. Er fliegt noch immer schneller als der Staub. Voller Verzweiflung steuert er auf den jähen Abgrund zu. Die Landschaft bietet sich ihm in unübertroffener Schönheit dar soweit das Auge reicht.

Er zerbricht die Saiten seiner Gitarre. Seine Weigerung ist absolut. Er hat keinen Erben. Er fastet. Er brüllt lauthals. Er schlitzt sich die Gurgel auf.

Siehe Glossar Seite 278

Blendende Augen

(Herausschießen)

Sie spritzt. Der Schuß trifft ins Schwarze. Sie strahlt. Sie besteht aus nichts als Licht. Ihre Augen blenden und verwirren alle lebenden Geschöpfe.

Eine Jagdgesellschaft. Sie reißt Witze mit ihnen und will Gewinn machen. Ein Luftstoß schmettert einen Sandstrahl auf die Zauberlaterne.

Jetzt soll sie Sachen erraten, die unter einer Schüssel verborgen sind: den Diener eines Herren, einen schwirrenden Pfeil, eine gefälschte Münze.

Eitelkeit

(Veranda)

Sie steht auf einer hohen, strahlend hellen Stelle, ein freches Teufelchen. Ihren Schwanz hält sie schräg hochgestellt. Sie findet so viel Gefallen an sich, daß sie im Überschwang ihre Augenbrauen reckt.

Eine mit Haifischhäuten geschmückte Kutsche befördert sie zu dem Teehaus. Das Lokal ist offen und luftig. Fröhlich lachend sitzt sie am Balkongeländer.

Schwache Knie

(Sanft)

Die Menschen mit den schwachen Knieen tragen zerdrückte Hüte. Im Schneidersitz hocken sie auf biegsamen Matten und massieren ihre weichen Leiber. Sie reiben sich mit Salben ein und unterhalten sich in Dialektausdrücken über Wildlederkleidung.

Sanft braten ihre Turnschuhe. Wasser schwillt an. Daunenfedern schwimmen vorbei. Korken tanzen auf dem Geplätscher der Wellen.

Auf dem Karussell

(Umstoßen)

Sie fährt auf einem Karussell. Das geht genau so leicht wie Pillendrehen. Ihr Haar legt sie in Locken und redet über anderer Leute Wörter. Sie setzt sich in einen geliehenen Drehstuhl und wirft Blicke zu den Seiten.

Sie singt und besorgt sich eine neue Arbeit. Das ist der Wendepunkt. Alles steht fortan auf dem Kopf. Im Bett wirft sie sich herum. Sie kriegt Krämpfe.

Bei Tisch empfängt sie einen neuen Gast. Er entpuppt sich als eine Nachahmung. Mit flimmernden Augen stößt sie ihre Entscheidung um. Ein ganz anderer Mensch wird in ihr lebendig.

Der Wind dreht sich schon vom bloßen Hörensagen.

Die weiche Schale

(Lethargisch)

Ihre ganze Eitelkeit dreht sich um den weichen, mildroten Staub. Die sanfte Brise macht sie schon nervös. Als weichschaliges Ei auf einer Bahre ist sie ein Willkommensschmaus für den heimkehrenden Reisenden.

Sie ist ein mit Salbe gefüllter Gummischlauch. Fremden gegenüber hat sie ein Wassergesicht. Ihre Stimme kommt aus einer Tritonsmuschel.

Siehe Glossar Seite 279

Der Leibwächter

(Fliehen)

Seine eifrige Unterwürfigkeit kennzeichnet ihn als Rennhund. Er hat Pech gehabt. Seine Lebensgeister entgleiten ihm. Sein Aroma ist größtenteils dahin. Jetzt balanziert er auf einem Seil, denn er macht zwar Höflichkeitsbesuche, verläßt sich aber auf den Einfluß, den seine Schwagerschaft aufzubieten vermag.

Er kommt herein, geht nach oben, kommt wieder herunter und irrt durch ein Labyrinth von Korridoren. Das erschöpft seine Kräfte. Er wird müde. Kein Wunder, daß er aus Versehen einen Schuß abfeuert. Er ist überhaupt nicht in guter Verfassung.

Erst behauptet er, mit den Seelen der Verstorbenen in Verbindung zu stehen. Dann entscheidet er sich für einen weniger volkstümlichen Kurs und schlägt den Weg des Bösen ein. Hastig rennt er durch die Dunkelheit, wie ein Schmuggler mit Durchfall.

Eine unvorsichtige Äußerung entschlüpft seinen Lippen. Einer Bekanntschaft zeigt er die kalte Schulter, bekommt es dann aber mit der Angst zu tun. Er möchte ihr lieber nicht über den Weg laufen. Deshalb verdingt er sich als Leibwächter auf einer Reise.

Aufrüttelnde Rede

(Starten)

Spring aus dem Bett! Richte Seifenblasen auf.
Versetz Pusteln in Aufruhr! Steh auf und fang
Feuer! Beginn zu fliegen! Schon seit deiner
Kindheit bist du ein Kran, eine Rakete, der
Anfang eines Satzes, dem gewöhnlichen Volk
entsprungen als es sich zur Revolte erhob.
    Mit einem Gegenstand vor Augen, ent-
scheide und gib dir einen selbstgewählten
Namen. Verfall in Krämpfe, schüttle dich und
zittere und fließ wie Ebbe und Flut.
    Sei scheu wie ein Kind. Brüte einen Plan
aus. Verfolge eine verruchte Idee. Säe Streit
und Zwietracht. Stolpere und fall hin.
    Du kannst dir nicht leisten bloß so zu tun.

Ihr Humor

(Lust auf etwas)

Sie züchtete Pferde im Scherz. Sie hatte
ihre Freude an der Anekdote und rannte
auf ihn zu. Der Hauptgegenstand war
interessant. Er konnte allerdings nicht
sehen, was daran lustig sein sollte. Sie
hatten nicht denselben Geschmack.

Die Lücke

(Ich, weit weg)

Ich bin im ganzen Land herumgekommen. Ich verstärke den Wall in der Nähe der Stadtmauer. Ich bin der Gegner einseitiger Aktionen. Ich besetze, ich widerstehe, ich stell mich in den Weg. Ich verhindere. Ich bin die Lücke, ich bin die Wegstrecke, ich bin der Abstand zwischen den Rädern.

Siehe Glossar Seite 280

Luftküsse

(Fliegen)

Der schnelle Läufer wirft eine Kußhand. Aus dem Kuß wird eine Pille weiß wie Schnee. Ein Kriegsbeil kommt durch die Luft. Ein dicker Spritzer schwingt sich zum Himmel auf, schleudert in vollem Galopp ein Messer heraus. Aus dem Messer entsteht ein Komet, er stürmt durch den Himmel.

Wirbelnde Schneeflocken sind verspritztes Quecksilber als Schönheitsmittel, oder hohle Worte im Geschriebenen. Eine Luftspiegelung von Wildgänsen bringt bestürzende Nachricht.

In einem einzigen Bogen wirft sich die Brücke durch den Raum wie von Böen gejagte niedrige Wolkenfetzen oder ein fliegender Fisch. Der Mönch reist von Tempel zu Tempel, seine Gestalt ein fliegender Bleistift.

Das letzte Gähnen

(Ausstrecken)

Er macht einen Finger gerade, spreizt die Hand. Er streckt die Zunge heraus und führt seine Pläne aus. Erlittenes Unrecht bringt er wieder ins Lot.

Sein Gesichtsausdruck verrät Genugtuung. Seine Worte geben eine vollständige und klare Erklärung. Er spricht seinen Dank aus. Er gähnt. Er streckt die Beine von sich und stirbt.

Der Verlierer

(Abhanden kommen)

Er verfummelt jeden Ball. Er selbst verschwindet, und das an der falschen Stelle. Dennoch bringt er es immer fertig, seine Mißgeschicke zu übersehen. Er ist der geborene Verlierer. Er kann nichts im Gedächtnis behalten und verdirbt es mit seinen Freunden. Als du vorbeikamst, war er außer Haus.

Er ist nicht nur untauglich sondern auch noch maßlos. In Not und Unglück wird er unverschämt. Arbeitslos und geil heult er dann laut über seine unerwiderte Liebe. In der Tat ist er so unerzogen und hinter der Zeit zurück, daß er nicht schlafen kann. Das ist eine schwere Enttäuschung.

Ein falscher Schritt, schon hat er die Spur verloren. Er fällt aus der Melodie. Er fällt in sich zusammen, taumelt, stolpert. Der Mut verläßt ihn. Er versinkt und bricht sein Wort. Er blutet stark. Wenn er sich verspricht, schlägt seine Farbe um.

Geistesabwesend schlendert er dahin. Man kann ihn leicht verschrecken. Dann bringt ihn die Angst um den Verstand, sodaß er verkehrte Entscheidungen trifft. Er ist so achtlos, daß er nicht einmal einen tüchtigen Mann erkennt.

Da es leicht ist, ihn hereinzulegen, fällt er in die Hände des Feindes. Wo er nun ein Vermißter ist, wird er blind. Unbedingt der Reparatur bedürftig, macht er stümperhafte Fehler. Dann verschwindet er zufällig in einem Feuer. Spontanes Gelächter gibt kein wahres Bild vom Leben.

Enge Bande

(Versteifen)

Der Störrige macht einen Knoten in sein Stottern. Ihm gefriert die Zunge. Als ihm sein Stricken wieder einfällt, wickelt er Spulen auf. Schließlich baut er sich ein Haus.

Er findet einen Verbündeten. Sie werden enge Freunde. Mit übergeschlagenen Beinen hocken sie auf dem Boden und schwören einen Eid, der ihre Bande kristallisiert. Das ist ihre Hochzeitszeremonie. Danach schnüren sie ihre Zungen.

Sie machen Schenkungen, werden aber so verwirrt, daß er seinem Mastdarm ein Ende setzt. Zusammen fischen sie nach Zöpfen, raffen die Fäden einer Erzählung zusammen, intrigieren und sammeln Bauchgefühle. Narben bilden sich. Alles ist bezahlt.

Läßt man einen Knopf an einer guten Stelle für ein Grab liegen, wird er Frucht tragen.

Ein Schurke

(Gespenst)

Ein Schurke fängt einen Schurken. Im Fegefeuer wird der Richter zu einer verschlagenen Kreatur. In unverfrorenen Lügen erzählt er von seinem schlampigen Leben in der Gebärmutter des Teufels.

Ein Tornado spielt dem Stiefellecker Streiche. Der Kannibale schneidet Grimassen. Bettelarme Menschen sind hungrige Dämonen. Der Schwindsüchtige ist furchtsam wie eine Maus.

Erwürgt

(Umhüllen)

Ein Bonbonpapier ist eine Schlinge. Ein Brief-
umschlag ist eine Falle. Der Anzug äfft den
Körper nach.* Wir tragen gefangene Wörter
im Beutel mit uns herum, sie dienen uns als
Floskeln. Bettzeug in gemeinschaftlichem Gebrauch füllt sich mit Schmeichelworten an.

Die Handschuh werden bei einem Akt
lächerlicher Höflichkeit ertappt. Plagiierte
Worte sind alles, was man braucht, um die
Ohren zu wärmen. Platitüden bilden das
Halsjoch eines Pferdes.

Hinterrücks erdrosselt die große Schlaufe
des Gelben Flusses den ganzen Verein.

---

* Cf. Schuldt, *In Togo, dunkel*, Reinbek bei
Hamburg 2013, S. 29-34; *In Togo, dunkel*,
Hannover 1981, S. 21-23

Von Sorgen zernagt

(Krumm)

Er ist melancholisch. In langsamen Bewegungen dreht und windet er sich. Er nörgelt und murmelt, denn sein gewundenes Schicksal treibt ihn zur Verzweiflung. Voll Herablassung beugt er sich nieder. Er ist so nebelhaft wie das Sprechen der Leute.

Schmutziges Durcheinander

(Bodensatz)

Eierpfannkuchen sind neidgelbe Goldgier.
Ein Trunkenbold durchnäßt sich von innen.
Aus seiner Nase macht er eine saure Gurke.
Wie gemein, etwas derart zu verderben!

Nach einer Weile wird ein verleumdeter
Mensch mild und schimmelig wie Krebse in
schleimigem Klebreis. Treber sind das Weib
für arme Zeiten. Was für eine Sauerei!

Vielen Dank für deine Gastfreundschaft!

Der Suppenkopf

(Mehlkleister)

Zum Broterwerb klebt er Fensteröff-
nungen mit Papier zu. Er ist verwor-
ren und redet viel Unsinn. Mit seinem
verwirrten Hohlkopf verzehrt er eine
sämige Suppe von Sesamsaaten. Wie
trüb seine Augen sind! Und entzündet!
Wahllos klebt er Bilder auf.

Der Vanille-Hengst

(Die Essenz)

Er ist ein geschickter Arbeitsmann. Er ähnelt poliertem Reis oder einem erstklassigen Stück Fleisch, das eine wie das andere splitterfasernackt. Gewandt im Gebrauch von Händen und Körper, erfinderisch, durchtrainiert und muskulös, verhält er sich loyal und patriotisch. Als gerissenes Ungeheuer lebt er in einer eleganten Villa. Eine Geisteskrankheit ist sein Trostpreis.

Mit Samendrüsen kennt er sich aus. All seine Kräfte sind auf ein einziges Ziel gerichtet. Seine unerschrockene Spermaflüssigkeit ist der Höhepunkt der Veranstaltung, die Quintessenz von Genauigkeit, strahlend hell und fortschrittlich. Mit absoluter Aufrichtigkeit vereinfacht er das Ätherische. So dient eine unwillkürliche Ejakulation seines Vanille-Extrakts dazu, eine gehässige Frau zu besamen.

Ein struppiger Hund

(Grob)

Ein Hilfsarbeiter ist Trümmerschutt, liederlich wie ein struppiger Hund. Er hat kleine Räucherstäbchen zu Augenbrauen und kleidet sich in rauhes Grastuch. Voll groben Knochenmehls wirkt er ungepflegt. Er hat einen Kropf und dicke Beine.

Zu seiner Routinearbeit braucht er Muskelpakete, aber keinen Bregen. Ein aufgeblasener Kerl ist er, ein Großmaul, das zu obszönen Worten greift. Er flucht viel und neigt zur Gewalttätigkeit.

Glasperlen

(Materialien)

Erst schätzt sie ihre Kräfte ab, dann berechnet sie den Winkel bevor sie schließlich ihr Essen bestellt. Sehr zu ihrer Überraschung findet sie frostige Glasperlen in dem Futtersack. Heu und Färberbeize sind gewürzt.

Wer hätte schon gedacht, daß ein so wertloses Individuum das Vieh hüten würde?

Gleichheit

(Warten)

Da sie sich ihren Mitmenschen eben-
bürtig fühlt, wartet sie eine Zeitlang auf
einarmigen Waagen und an anderen
derartigen Balanzier-Stellen. Sie singt
von Gleichheit und witzelt über ihre
Identität als wäre sie ihr nichts wert.

Sie will den allerhöchsten Rang für
sich, sofort. Auf die Dauer ermattet sie.
Außerstande noch länger zu warten,
legt sie sich hin und stirbt.

Die Schwiegermutter

(Pomp)

Majestätische Erhabenheit und Tugend sind gefahrenreiche Pässe, Orte des Bedrohtseins. Sie erfüllen einen mit großer Ehrfurcht und fordern Unterwerfung. Prestige schüchtert mit der Macht von Kanonenfeuer ein.

Mit grimmig wildem Mut vertritt die Schwiegermutter ihre Position. Ihr strenges Gebaren bringt Angst und Schrecken in das erlauchte Glück des Kaisers. Sie reitet auf dem hohen Roß, bedroht ihn mit Unterdrückung und wird von allen gefürchtet.

Ein Erwachsener

(Zustandebringen)

Es schadet gar nichts, volljährig zu werden, denn ein Erwachsener ist fähig und sachkundig. Er vollbringt seine Aufgaben und führt die Arbeiten bis zu ihrem Ende aus. Wie ein alter Fachmann geht er den ganzen Tag lang sorgfältig und zielstrebig zu Werke. »Was soll das werden?«

Er wird zu einem unsterblichen Gegner von Patentheilmitteln. Am Tag der Gründer tritt er eine Reise an, um einen Handel abzuschließen. Er nimmt Gestalt an und entwickelt sich zu einem nützlichen Menschen. Wachstum wird ihm zur Gewohnheit. Er macht sich allgemein beliebt.

Ein anerkannter Präzedenzfall verursacht ein Vorurteil in seinen Ansichten. Erst muß er das ganze Bild im Geist vor sich haben, bevor er eine Entscheidung treffen kann. Er schließt eine Vereinbarung zur Reform der Umgangsformen und schreibt die Akte fest. Er wird in eine Fehde verwickelt und ertappt. Daraufhin baut er zu seinem Schutz eine Umwallung. Er erringt die Vorherrschaft und heiratet.

Der Niederträchtige

(Brechen)

Es war ein Unglückstag. Auf der Feier zur Grundsteinlegung lief ihm der gewissenlose Ketzerpriesters über den Weg, dessen zerlumpte Fetzen nur knapp seine aufgebrochene Haut bedeckten. Er brach ein Gebot und mißhandelte die arme Seele. Es war so leicht wie einen Bambus zu spalten.

Er sprach ein halbwüchsiges Mädchen an. Zuerst gab ihr ein Rätsel auf. Bald versprach er sogar ihre Seele aus dem Fegefeuer zu holen. Dann brach er sein Versprechen, führte sie zu einem baufälligen Haus und entjungferte sie. Da lag sie nun, aufgespalten, ein Wrack von einem Schiff, ein ausgetretener alter Schuh. Eine Dirne.

Ihre Familie war ruiniert.

Die Tür stand halb offen. Bei Tagesanbruch packte ihn das Entsetzen. Er kam sich fremd und schäbig vor. Mit einem Lächeln schnitt er das Thema an. Sie durchschaute ihn. Die Angst hatte ihm den Mut genommen. Er legte sein Herz bloß und offenbarte seine Fehler.

Sie sterben jung

(Kurz)

Am Tag der Wintersonnenwende gehen Gelegenheitsarbeiter einen Kurzfilm anschauen. Es sind kleine dicke Pummelchen. Jeder von ihnen trägt einen Dolch in der kurzärmeligen Bluse. Sie besprechen üble Machenschaften. Ihre kleinen Sätzchen kommen gestammelt heraus. Es dauert gar nicht lange, bis sie kurzatmig werden und in gedrückte Stimmung zurückfallen. Wie sie da in Socken und kurzen Hosen auf der niedrigen Mauer hocken, sehen sie häßlich aus mit ihren Bubiköpfen.

Einer ihrer Mängel ist Undankbarkeit. Es fehlt ihnen an Energie, aber sie vertuschen ihre Fehler. Ihr oberflächliches Wissen verleitet sie dazu, Selbstmord zu begehen. Sie sterben jung. Heute hier und morgen schon fort.

Ein Gast für die Nacht

(Aufhalten)

Sein Haar läßt er wachsen. Er bindet sich einen Schwanz an und nimmt einen Gast für die Nacht auf. Er ist ein geistesabwesender Mensch. Seine zugeneigten Gefühle behält er im Blick, läßt aber seine Entscheidungen nicht davon beeinflußen.

Da er nicht länger bleiben kann, schenkt er dem Mann das Leben, hinterläßt eine Nachricht und nimmt sich etwas zum Andenken mit. Für einen von der Dunkelheit überraschten Besucher läßt man die Stadttore offen.

Ein schlauer Arzt

(Gebären)

Ein merkwürdiger Gast zeugt einen Sohn. Am Tage seiner Geburt macht der Vater ein Feuer. Mit den unbeholfenen, schwerfälligen Händen des ungeübten Arbeiters breitet er Rinderhäute aus, stellt nicht abgekochtes Wasser und unreifes Obst dazu.

Von Geburt an blind, aber mit großen Kräften begabt, wächst der Sohn zu einem lebhaften Schüler heran. Das Wasser läuft ihm im Mund zusammen. Er erkrankt. Er wird ärgerlich, meistert aber diese schicksalvolle Krise mit intuitivem Wissen.

Im Laufe seines Lebens züchtet er Würmer und baut Kräuter an, stellt Haarwasser her und braut Faßbier. In der Lebensmitte fängt sein Geschäftssinn an, ihn dermaßen zu langweilen, daß er ein Magengeschwür bekommt. Er wird rostig.

Damit es auch weiterhin lebhaft zugeht, fängt er ein paar wilde Bestien lebendig ein. Unvermittelt werden Verdächtigungen in ihm wachgerufen, als er ein fremdes Gesicht erblickt. Durch groben Unfug verliert er sein Leben,

Siehe Glossar Seite 281

Der alte Fuchs

(Ehrwürdig)

Großpapa war ein Schwindler und ein ziemlicher Wüstling. Der durchtriebene alte Fuchs war geschickt in Senilität. Immer wenn er wieder seine alten Streiche im Schilde führte, schminkte er sich in dunklen Farben und spielte die Rolle einer alternden Frau in der Oper *Das Tollhaus am gewohnten Ort.*

Ungeachtet seines starken Opiumkonsums hatte er es mit halsabschneiderischen Geschäftsmethoden zu etwas gebracht. Durchtrieben und betrügerisch summte er eine alte Melodie vor sich hin. Eine Ratte war er und ein Vielfraß. An den Füßen hatte er dicke Schwielen.

Als er am Ende gebrechlich wurde, wählte er sich einen friedlichen Ort zum Ruhesitz und nahm sich eine Konkubine, um sich auf seine alten Tage zu vergnügen.

Die Göttin

(Zartes Grün)

»Grüne Berge werden sich nie ändern«, bemerkt die Göttin des Frostes und des Schnees. Sie knabbert an einer eingelegten Olive. Mottengleich sind ihre schönen Augenbrauen und bläulich die Anschwellungen in ihrer Haut. Auf einem schwarzen Ochsen trifft ein junger Mann ein. Er überbringt ihr einen in Blei gefaßten Lapislazuli, eine antike Kupfermünze und das Weiße eines Eis.

Sie schreitet durch die verbotene Tür, nimmt sich einen Grauschimmel und reitet planlos unter blauen Wolken über die Frühlingsäcker.

Junge Menschen sind zart wie die grüne Haut des Bambus.

Himmlisch

(Orchidee)

Zwei Gelehrte schließen intime Freundschaft. In ihrer Badewanne retten sie
die Seelen jener, die niemanden haben,
der sich um ihre Gräber kümmert. Eine
geschworene Schwester brennt duften-
des Räucherwerk in der Zelle eines Ein-
siedlers ab. Die schwangere Frau träumt
von einer Orchidee.

Der Rachen

(Zehntausend)

Falls durch irgend einen Zufall ein mächtiges Grab zehntausend Mann gewachsen wäre, könnten sich alle Orte unendlich verwandeln. Ein Regenschirm wäre ein absolut verläßlicher Plan, dem Rachen des Todes zu entkommen.

Zum Glück wird ein haarscharf vorbeigegangener Schuß am Allernarrentag die Klänge der Schöpfung höchst dringlich machen.

Ihr erster Zug

(Komposition)

Sie ist ängstlich und leicht zu durchschauen. Sorgfältig beäugt sie ihre Umgebung. Sie steckt sich mit einer Erkältung an. Sie gleitet hinab zum Land. Als sie angekommen ist, spielt sie eine Partie Schach.

Sie nimmt all ihre Kräfte zusammen und legt vor einem großen Spiegel Gewänder an. Bangend faßt sie ihr Ziel ins Auge. Dann macht sie ihren ersten Zug: sie erblüht!

So viele Tränen

(Herabfallen)

Der Donnerblitz zerrann zu nichts. Er fiel hinter die Zeit. Seine Farben verblaßten. Er fiel zu Boden und wurde von der Erde verschluckt. Es war ein regnerischer Tag. Die Bäume hatten alle ihre Blätter abgeworfen.

Seit langer Zeit krank und bettlägerig, kam ich mir vor als hätte man mich übergangen. Ich war unzufrieden mit der Ebbe meiner Kräfte. Endlich war damit aber Schluß, denn bei Sonnenuntergang kam ich frei von diesem meinem irdischen Gestell.

Ich wurde zum Banditen und mußte mich im Dunkeln verbergen, von eisigen Schrecken geschüttelt. So viele Tränen hatte ich vergossen, daß ich naß war wie ein ertrunkenes Huhn. Das Haar hab ich mir abgeschnitten. Es fiel herab. Das markierte meinen Aufenthaltsort.

Ein nutzlos Ding war ich geworden, eine trostlose Ratte, die nicht weiter wußte. Ich kletterte die Hafenmauer hinab, stieg in das Boot und nahm die Segel herunter. Geistesabwesend hielt ich inne, um einen Platz für eine Bodenlampe auszuschaben.

Dann stand ich und zog über den ganzen verdorrten Stamm mit Schimpf und Schelte her.

Eine tierhafte Existenz

(Dahintreiben)

Er erregt Anstoß. Sein Leben ist nicht viel wert. Seine Zeit verschwendet er in gesetzwidrigem Geschlechtsverkehr. So schafft er es nur gerade eben, eine tierhafte Existenz zu führen. Ist es nicht so?

Er führt eine lose Zunge. Seine Worte sind unbedacht. Er sucht Vorwände für Streitereien, drückt sich zugleich um Gefahr und Pflicht. Unbekümmert begeht er grobe Mißgriffe, drängt sich auf, ein Felsbrocken in einem Bach, ein niederer Charakter. Sein albernes Gekicher ist grundlos.

花

Eine scheckige Kuh

(Blüte)

Ein redegewandter Mund zeichnet den beliebten Bettler aus. Im Mittelpunkt der Blume steckt eine scheckige Kuh. Es wird sich nicht bezahlt machen.

Ein Schauspieler, der die Rolle einer jungen Dame in hübsch gemustertem Einwickelpapier darstellt, geht Eislaufen. Er zieht Blumenformen auf dem Eis. Der Gärtner bringt den Spitznamen einer Hure in ornamentale Schrift. Das Mädchen im karierten Wollzeug ist so schön, daß es die Blumen beschämt. Was für ein schlauer Trick!

Die stechende Viehbremse ist hochelegant. Sie erfreut sich an Feuerwerk und Knallfröschen im Sommerhaus, aber die Blumenuhr beunruhigt sie. In ihren Pantoffeln stellt sie Tricks mit Schneeflocken und Zwiebelspänen an.

Geschlechtskrankheiten geben eine kleine und interessante Episode ab, die gut und gern zwei Brautpagen wert ist. Das Datum für den Geburtstag der Blumen schwankt, aber der zwölfte Tag des zweiten Monats wird allgemein als richtg angesehen.

Allein in einem Salon mit Gesichtscreme und Popcorn, wird die Nymphomanin zu einem Fall himmelschreiender Verschwendung. Sie will kein gewöhnlicher Besenstiel sein. Also knöpft sie ihr Mieder auf und prunkt mit der verdrehten Pracht ihrer Pockennarben.

Es macht Spaß

(Hantieren)

Liebevoll mustert er seine heißgeliebten Besitztümer: einen Holzhund, Kartenspiele, Nippes und Kuriositäten. Er unternimmt einen Ausflug, bummelt und genießt die Landschaft. Seine Zeit vertändelt er in Liebeleien. Scherzend und spaßend tollt er mit den Frauen herum.

In seinem amateurhaften Geist wendet er hohe Werke der Literatur hin und her. Lustübersättigt singt er eine Opernmelodie. Es macht Spaß.

Spiel einfach weiter wie immer.

In der Brandung

(Vertändeln)

Früher kochte er Reis in einer Hintergasse in Schanghai. Jetzt tollt er fröhlich in den Wogen der Brandung, gibt gewaltig an, spielt mit einer Schwimmerin, zerwühlt sie und zaust ihre Locken wie es seine Art ist.

Das war aber ein Fehler, denn nun trägt sie ihm einen Sohn. Er nimmt das pedantisch, äfft sie nach und macht sich über die Sache lustig. Was die Situation verschlechtert, ist, daß er nach politischer Macht trachtet und Unruhen anzettelt.

Überraschungstaktik

(Grotesk)

Er hatte eine tiefe Abneigung gegen seltene Schätze. Eine einzigartige, schreckliche Erniedrigung hatte ihn zu einem bemerkenswerten Mann gemacht, der für sein exzentrisches Gebaren berühmt war. Seine Mißgestalt hatte in ihm die Begabung geweckt, sich unsichtbar zu machen. Da er mit einer ungewöhnlichen Krankheit geschlagen war, verlegte er sich auf Überraschungstaktiken. So stellte er sich an den ungeraden Tagen des Monats auf eine phantastische Felsklippe, ein legendärer Jongleur mit einem Schönheitspflästerchen. Mit der hohlen Stimme eines Schwindlers predigte er dort die Mystik der romantischen Liebe.

Die Ironie des Schicksals war nicht weiter bemerkenswert.

Siehe Glossar Seite 282

Wie ein Komet

(Eilen)

Wild und unbezähmbar wie ein Komet
reist die gefallene Frau überall umher.
Zur Beerdigung ihrer Eltern zurückge-
kehrt, wird sie von dannen gejagt. Sie
eilt davon, flieht als Besiegte. Um ihr
Leben muß sie rennen. Ein galoppieren-
des Pferd ist sie, ein tosender Bach, eine
Springquelle.

    Sie schwingt sich zur Freiheit empor.
Erneut in panische Flucht versetzt, ret-
tet sie sich zu einem Mann, sucht bei
ihm Zuflucht und Schutz, brennt mit
ihm in heimlicher Ehe durch.

Siehe Glossar Seite 283

Zu salzig

(Exzeß)

Der Tambourin-Mann hockt auf der Feuertreppe an der Fassade des Hauses. Matt geworden von der großen Leere, seufzt er tief. Es klingt als würden sich Himmel und Erde verwandeln. Was für ein Jammer! Die lodernden Sonnenausbrüche gehen zu weit. Wie Gespenster beim Boxen werden sie einfach zu unverschämt. Ein Großes, das es trotzdem nötig hat zu übertreiben.

Der Eunuch bringt ein Suppenopfer dar. Die Suppe ist versalzen.

Sie lächelt

(Verkaufen)

Die Wahrsagerin redet gleißnerisch. Sie hat es auf die Gunst des Ladenschwengels abgesehen. Sie zeigt, was sie alles kann, etwa mit Singen in den Straßen sich den Lebensunterhalt zu verdienen. Ein Lächeln nach dem anderen versteht sie zu Geld zu machen, verdingt sich auch zu Gelegenheitsarbeiten.

Sie nimmt eine Stelle als Blumenmädchen an, flirtet mit dem Akrobaten, blickt lange in den Eingang beim Gemüsehändler, verkauft sich als Prostituierte und steckt die Menschen mit Lepra an, wobei sie sich den Anschein von Unwissenheit gibt.

Siehe Glossar Seite 284

So groß wie meine Faust

(Groß)

Mein Onkel flucht wortreich. Sein Bauch ist eine Höhle für riesige Gewinne. Er trinkt auf die Gesundheit seines Hahns, ehe er Greueltaten in der Großen Schlucht begeht.

Mein Onkel ist ein Mann von großer Stärke, ein Held und Rädelsführer, der König der Banditen. Er hat Glück im Übermaß und riesige Ohren. Sein Backenzahn ist so groß wie meine Faust. Frühmorgens am letzten Tag des Jahres stößt er das Tor seines Palastes weit auf und streckt seinen karmesinroten Daumen in den Hof hinaus. Er verbrennt sich schrecklich. Erstaunt schreit er auf. Seine Wut ist ein Wildfeuer, sie fegt durch das Ödland.

Ein aufwallendes Gelächter füllt seinen Sombrero. In seinen weiten Ärmeln wütet ein Sandsturm. Er ist eine Springflut, ein Felsbrocken auf hoher See, eine kolossale Lüge. Nichts macht ihm Sorgen. Er irrt sich gewaltig.

Auf der Brücke

(Aber)

Die hilflosen Tage auf der Brücke zur Hölle konnte er nicht ausstehen. Es geschah gegen seine Wünsche. Aber was konnte man machen? Es gab keine Alternative, kein Gegenmittel, keine Erleichterung des Kummers.

Unglücklicherweise fing er an sich zu langweilen. Sollte er sich in ein Kloster zurückziehen?

Geplatzte Rohre

(Eine ganze Menge)

Viele begabte Männer sind hitzig veranlagt. Wie glücklich sie sind! Als gesprächige Geschöpfe zanken sie miteinander in vielsilbigen Wörtern wie geplatzte Rohre. Sie sind leidenschaftlich und argwöhnisch und ein klein bißchen haarig. Ist das zu viel? Höchstwahrscheinlich.

Warnung

(Ein Jeglicher)

Meine Damen und Herren! Jede Gegend ist zerklüftet, jedes Individuum hat sein Argument. Jedes Thema, jede Tür, jede Art von Gewerbe, alle möglichen Güter von jeglicher Beschaffenheit, alle Sekten, jede Clique, jedes geistliche Amt, jeder Zirkel, alle Länder und Nationen sind gefährlich. Jede Klausel, jeder Artikel, jeder Monat, jedes einzige Mal ist gefährlich.

Jede Kreatur muß sich ganz allein durch das Leben schlagen.

Siehe Glossar Seite 285

Die Schichttorte

(Quetschen)

Der Schmuggler segelt auf einem Schiff mit fremdländischer Takelage. Er spricht seine Worte in Klammern. Dort wo zwei Strömungen zusammentreffen, verläßt er das Boot. Verstohlen trägt er eine Schachtel mit doppeltem Boden mit sich. Er hält die Schachtel zwischen den Armen. Darin hat er eine Schichttorte und eine Zange.

Er gerät in einen Hinterhalt und wird von beiden Seiten angegriffen. Er quetscht sich in einen engen Durchlaß. So kräftig drückt er, daß es ihn zu einem Keil formt. Dann biegt er sich zu einer Haarnadel. Die Schachtel wird immer noch von den beiden Armen der Nadel umklammert.

Die Angreifer foltern ihn mit Büroklammern und Zuckerzangen, mit den Scheren von Hummern und einer Daumenschraube.

Vor der Parade

(Wand)

Er steht vor der Parade in einer Reihe von Männern. Da er einen von ihnen mit groben Worten verletzt hat, fühlt er sich im Herzen schlecht.

Er bringt die Zeugen mit Geld zum Schweigen, stöpselt sich die Ohren zu, verstopft sich den Mund, umschließt sich mit Wänden und erstickt zu Tode.

Frisch und müde

(Leckage)

Zügelloses Gerede läßt Gefangene frei. Behenden Fußes gelangen sie aus dem Käfig schnurstracks in den bequemen Schlendrian eines ausgebrochenen Tigers. Sie leben in Müßiggang und erzählen die erstaunlichsten Anekdoten. In sorgloser Stimmung lassen sie sich gehen.

Wohlergehen führt zu Laster. Frisch und müde in Untätigkeit und Wollust treiben sie ihre Ausschweifungen bis zum Exzeß.

Nasses Glänzen

(Schaukeln)

Sie glänzt wie Wasser. Wie unermeßlich sie ist! In tollkühner Leidenschaft verschwendet sie sich, zerstört andere durch Feuer und durch Inzest.

Sie ist ein enger Rock, ein loses Weib. Sie verwirrt die Gemüter und löst sie in nichts auf. Sie erzeugt gesellschaftliche Wirrnis und untergräbt noch das Chaos selbst. Alles wird vergeudet. Um reinen Tisch zu machen vernichtet sie auch noch die Rebellen.

Obdachlos umherschweifend lebt sie in banger Erwartung. Überallhin breitet sie sich aus. Ihr Geist ist aufgewühlt. Tatenlos schaukelt sie auf einem Seil.

Schönheit

(Sich dem Blick entziehen)

Wie ein Dickicht bedeckt sie die ganze Gegend, schützt sie vor Wind und Regen. Ihre Augen schirmt sie ab, um bösem Einfluß zu entgehen. Sie verheimlicht ihre Knie, macht ihren Körper ganz klein und versteckt ihr Gesicht. Dennoch führt ihre Schönheit tugendhafte Menschen irre und täuscht sogar ihre Vorgesetzten. Sie gewährt Unterschlupf wie eine Wolke.

Auf dünnem Eis

(Spärlich und mager)

Der Mann ist dünn wie Papier. Er kleidet sich in Voile oder Serge, nährt sich von dünnem Reisschleim und knusprigen Plätzchen. Höhnisch und verachtungsvoll sieht er auf die Menschen hinab, die er mit kalter Gleichgültigkeit behandelt. Der ganzen Welt steht er apathisch gegenüber. Ein herzloser Mann mit einem bedauerlichen Leben, in der Liebe steril und undankbar.

Leichtfertig betritt er dünnes Eis, bringt sich für schmalen Gewinn in Gefahr. Er verschneidet den Wein mit Wasser. Wertlos sind die Geschenke, die er verteilt. Seine Freundschaften verschleißen. Im Morgengrauen wirft er durch den leichten Dunst einen flüchtigen Blick auf das Land. Der wilde Dschungel ist grausam, die Sonne fast verfinstert.

Siehe Glossar Seite 286

Gastfrei

(Gründlich)

Du bist ein öffentlicher Mann, offen und ohne eigennützige Absichten. Du durchstreifst die Welt. Du hast Mitleid. Klar und einleuchtend in jedem deiner Schritte, gehst du die Runde und beginnst von neuem. Du behandelst Gäste wie es sich gehört. Du umgibst und unterstützt, du reichst überall hin. Das ist genug.

In deinen Abweichungen bist du schwierig und gewunden. Du bist nah und verschlossen, aufmerksam und subtil, tief und ehrlich. Du bringst eine Sache zustande und läßt keinen Teil ungetan. Bis ganz zum Ende bist du überall, korrigierst und bringst auch die kleinsten Umstände ins Lot. Du beseitigst Mißhelligkeiten. Du schwingst dich herum und verteidigst den ganzen Leib.

Die Umkreisungen der Sonne verkünden deine Gastfreiheit.

In den Ruinen

(Faulige Masse)

Hell und glitzernd wie ein phosphoresierender Fisch pirscht sie durch die Ruinen der Stadt. Sie unterdrückt das Volk. Sie reißt Wände ein, zertrümmert Möbel, zerkocht faulige Speisen voller Würmer zu Fitzelchen, die sie zu einem Gelee verquirlt.

Schließlich macht sie sich sturzbetrunken. Sie geht verloren, schmilzt dahin in tiefem Schlaf. Die Türöffnung füllt sich mit einer prächtigen Menschenansammlung.

Der Schatten

(Weibliches Prinzip)

Der Schatten auf dem Südufer des Flusses ist eine Frau. Trübe Gedanken an ihre Liebschaften erfüllen sie mit innerer Kälte. Im Ungewissen über den Marsch der Zeit richtet sie den Blick nach Norden und fängt an, gute Taten auszuhecken. Sie vermengt heißes und kaltes Wasser.

Licht und Schatten machen ihr einen Körper aus großen Höhlungen. Sie ist eine Schlange im Gras, ein zugedecktes Siel. Ihre stille Tugend führt lang anhaltenden Regen herbei. In der Unterwelt wartet eine dunkle Belohnung auf ihre Vagina.

Der Geist eines toten Mannes reitet eine schwarze Wolke. Mit jedem Bruchteil der Zeit geht er schonend um.

In Anderen

(Blindlings Folgen)

Die Bewegung ist spontan. Wo er auch sein mag, immer schlüpft er gleich in die Schuhe eines anderen. Es ist so bequem.

Er reist vor dem Wind her, paßt sich der Jahreszeit an, fügt sich den Zeitläuften und läßt sich nie eine günstige Gelegenheit entgehen. Er spricht ohne zu denken und tut einfach, worauf er gerade Lust hat. Er zieht seine eigenen Wünsche zu Rate, geht zugleich mit der Menge und hält sich an die Linie des geringsten Widerstandes. Sorgfältig fällt er seine Entscheidungen je nach den Umständen. Ganz gleich, was ihm geschieht, stets ist er es zufrieden.

Unweigerlich stecken seine Zehen gleich hinter den Fersen eines anderen. Blindlings folgt er anderen bis an das Ende der Welt.

Da er handelt, wie es ihm gefällt, bleibt er ein Spielball der Wellen. Er ist kriecherisch, gibt verschlagenen Menschen nach und gehorcht auf der Stelle. In seiner Gesellschaft fühlt man sich wohl.

Kochendes Wasser

(Öffnen)

Die moslemische Jungfrau war verlockend. Ihr Appetit war erregt. Sie zog aus um Erfahrungen zu sammeln. Sie durchbrach ihr Fasten, entriegelte sich und lächelte. Sie wollte die Nation zivilisieren und den Geist der Menschen erhellen. Das würde ihr Spaß machen.

Sie stellte eine Liste zusammen: in ihrer ersten Lektion würde sie kochendes Wasser verwenden, um einen Streit auszulösen. Als nächstes wollte sie die Quadratwurzel der offenen Vokale ziehen und die Herzen in einer Operation bei eröffnetem Brustkorb ausbaggern.

Dann wollte sie auftauen und nachsichtig werden. Sie würde Läufer aussenden, um Menschen von ihren Pflichten zu entbinden. Mit schwarzen Markierungen der Pupillen würde sie die Idole lebhafter gestalten. Ihr Gesichtsfeld würde sich weiten. Als Pionierin würde sie sich an die Spitze des Zuges stellen, das Stadttor bei Nacht aufstoßen und vorwärts marschieren.

Sie würde ihre Verschlüsse lösen wie eine Schrapnellgranate. Heikles würde sie heraufbeschwören mit ihrem Erblühen im Dunkeln. Ganz bestimmt würde jemand sie entjungfern.

Blümerant

(Herauslassen)

Dem Sprecher auf der Beerdigung wird blümerant. Die Sache mit den Maden wird zur Sprache gebracht. Er schüttelt sich vor Ekel. Von wahren Empfindungen gezwungen wird er ganz blaß. Sein leuchtender Körper transpiriert. Er zittert an allen Gliedern. Er murrt, stiert töricht und wird verrückt. Aus dem Schaum seiner Rage erfindet er ein Blasenpflaster und verkauft es seinen Kunden.

Die Leute munkeln über seine Aussprache. Er beharrt auf seiner Würde, wird knallrot und feuert sein Gewehr ab. Man verbannt ihn an die ferne Grenze. Dort fühlt er sich niedergeschlagen und zieht sich ein Malariafieber zu.

Aber dann nimmt er seine Kräfte zusammen und schürt eine Rebellion. Die falschen Eide bekommen ihm blendend. Er erbarmt sich der Aussätzigen. Der Geburtsort der Revolution ist die Wiege der Zivilisation.

Die Revolte

(Machen)

Ein bedeutender Gelehrter empört sich gegen eine bergeschaffende Macht. Er tut es unbesonnen, ohne lange nachzudenken.

Er arbeitet, er macht neue Wörter, erzeugt einen Satz nach dem anderen, erfindet Gerüchte und prägt Lügen, um dem Wunder der Schöpfung neues Leben einzuhauchen. Seine geschickten Fälschungen sind der Anfang der Reform, die Syntax dafür und der Brückenbau. Aber das Pflanzen dieser guten Keime ist ein Verbrechen, das eine Strafe im künftigen Erdenleben nach sich zieht.

Siehe Glossar Seite 287

Schlamm

(Belagern)

Er treibt die Diebe bei dem Wehr zusammen, mißt mit einem flexiblen Bandmaß ihre Glieder wie unbehauene gefällte Baumstämme. Dann umarmt er sie. Hinter einem Wandschirm sitzen die anderen bei einem Spiel mit schwarzen und weißen Obstkernen auf einem Brett mit 361 Feldern.

Die Dämme brechen weg. Die vier Himmelsrichtungen werden zu Schlamm. Jetzt macht er sich für einen Vorstoß zurecht. Er wickelt seinen Kopf in ein Kinderlätzchen und geht durch das Disteltor auf die Suche nach dem Magnetkern.

Er braucht sie

(Vorantreiben)

Man ist eng zusammengepfercht. Er rückt nah an sie heran. Für ihn ist sie ein Stimulans, das ihm bei seiner Materialisierung helfen soll. Viel später verwandelt eine plötzliche, heftige Erkrankung ihn in einen Flegel. Sie drängt den boshaften Kumpan, schleunigst seine Sachen zu packen.

Was zusammen gehört

Süße Träume von Vernunft

Als wäre nichts weiter dabei, legt *Leben und Sterben in China* auf spielerische und literarische Weise die Pfade des chinesischen Denkens offen. Üppig aus Analogien schöpfend, unterscheidet dieses sich grundlegend von unserem im Westen. Die Großmacht und ihr Manövrieren in der Weltgeschichte lassen sich ohne einen ausgeprägten Sinn für das ungewöhnliche Rüstzeug ihres Denkens weder genau noch gerecht erfassen. Im Zeitalter der Neuro-Wissenschaften und der beweglichen elektronischen Bilder von Hirntätigkeit haben wir außerdem schon vor Jahzehnten in Erfahrung gebracht, daß die chinesische Sprache in anderen Regionen des Gehirns stattfindet als die indogermanischen Sprachen. Um so eindrucksvoller, daß viele der Ideenverkettungen, aus denen die Texte dieses Buches entstehen, uns gut faßlich sind, sogar plausibel vorkommen, während andere zutiefst rätselhaft bleiben. Vernunft in Europa ist noch lange nicht Vernunft in China.

Ezra Pound hatte vier Zeilen von Mencius in Canto LXXIV eingebaut. Bedeutende Übersetzerinnen wie Eva Hesse und Mary de Rachewiltz hatten diese z. T. sogar mehrfach in ihren Sprachen wiedergegeben, zahlreiche Gelehrte sie ins Englische übertragen und erörtert. Als der große englische

Kritiker, Linguist und Stilist Kenneth Cox,[1] des Chinesischen kundig, sich mit diesem sinnverwirrenden Aufgebot von Abweichungen und Widersprüchen befaßte, rief er im Beisein des Verfassers aus: »Das läßt einen daran zweifeln, ob es überhaupt Zweck hat, Chinesisch zu lernen.«[2]

Disqualifikation

Es dürfte offenkundig sein, daß selbst flüchtige Kenntnisse des Chinesischen mich daran gehindert hätten, dieses Buch zu schreiben, oder zuallermindest eine erbärmliche, altbackene und schlaffe Ausführung der tollkühnen Kaperung bewirkt hätten, um die es sich handelt. Das Wissen hätte den Text ruiniert und dem Autor die Sehnen durchschnitten.

Das Buch entstand zwischen Anfang Januar und Ende Juni 1982 auf der Grundlage von zwei Wörterbüchern aus einem Papierwarenladen im benachbarten Chinatown.[3] Ich wohnte zwischen den verlassenen Lagerhäusern von Washington Market.[4] Lebensmittel waren dort nicht aufzutreiben. Es gab nur Archie's ziemlich verwaisten Liquor Store in der Greenwich Street und ein paar Schritte weiter

---

1   London 1916–2005 London
2   »It is enough to make one doubt the use of learning Chinese,« veröffentlicht auf S. 193, in: *A Version of Mencius*, in: Kenneth Cox, Collected Studies in the Use of English, London 2001.
3   auf das ich mich zuerst in den tristen Zeiten von 1962 für meine Ernährung gestützt habe, als es sonst nicht viele Alternativen in Manhattan für die Unbemittelten gab.
4   was sich wenig später in TriBeCa verwandeln sollte.

nach Norden ein Lädchen, das Zigaretten und Colas für die Lastwagenfahrer der Canal Street bereit hielt. Nicht einmal Milch oder Zeitungen führten sie. Kein Wunder, daß ich fast täglich nach Chinatown fuhr.

Von irgendwelchen chinesischen Angelegenheiten jenseits von Chinatown verstand ich damals überhaupt nichts. Viele der nachstehenden Feststellungen hätte ich nicht treffen können, als ich 1982 die Erstausgabe dieses Werkes zum Druck vorbereitete. Sieben Jahre später hat das Buch mich dann in das chinesische Reich befördert,[5] wo ich Freundschaft schloß mit bedeutenden literarischen Köpfen und ein tieferes und besseres Verständnis dessen erwarb, was ich zustande gebracht hatte.

Die Lobotomie

Das am weitesten reichende Beispiel für einen Bruch mit der Vergangenheit ist die von Mao erzwungene Einführung der vereinfachten chinesischen Schriftzeichen 1956, mit einem zweiten Schub

---

5 Autoren scheinen meistens über Sachen zu schreiben, die ihnen im Leben widerfahren sind, was unbedingt zu loben ist, denn mit ein bißchen Glück verstehen sie wenigstens etwas davon. Hat ihn etwa seine Frau verlassen, schreibt der übrig gebliebene Mann prompt den großen Roman über die Krise in der Mitte des Lebens oder das Leben in der Mitte der Krise. *L'oeuvre suit la vie*, das Werk folgt dem Leben.
Der Autor willkürlicher Erfindungen hingegen gelangte nur Dank dieses Buches in das Land, in das er noch nie einen Fuß gesetzt hatte; lebte dort, arbeitete dort und hatte eine Familie. *La vie suit l'oeuvre*, das Leben folgt dem Werk, hält er fest.

1964. Angeblich sollten sie es erleichtern, die Schrift zu erlernen, aber in Wirklichkeit waren sie dazu bestimmt, die neu alphabetisierten Massen von allen Büchern aus der Zeit vor Mao abzuschneiden. Ihnen Bildung zu verwehren. Viele der Wurzeln und Ableitungen, die man in den herkömmlichen, »langen« Schriftzeichen erkennen kann, wurden wegvereinfacht. Was blieb, war nur ein quasi-geometrisches Zeichen für ein Wort von (oft) stark geschrumpften Resonanzen. Die Tabellen mit den vereinfachten Ideogrammen beseitigten auch viele Begriffe und Ausdrücke, indem sie kurzerhand kein Zeichen dafür enthielten. Chinesische Lehrer versichern, daß die Kurzzeichen auch nicht viel leichter zu lernen sind als die profunden alten. Ihr Zweck war der Kulturbruch. Neue Menschen mit einem neuen Bewußtsein sollten her, einem steuerbaren, auf das Neuschrifttum eingegrenzt.

Kontrabande

Leben und Sterben in China spult sich aus 111 chinesischen Schriftzeichen heraus. Fast alle stammen aus *Liu's Chinese-English Dictionary*,[6] einem Hongkonger Buch der langen Zeichen und tiefen Gelehrsamkeit. Als ich das Wörterbuch in das post-maoistische China der kurzen Zeichen mitbrachte, Jahrzehnte nach dem Ableben des großen Vorsitzenden, wurde der Schatz von chinesischen Schriftstellern mit

6   Liu Dah-Jen, *Liu's Chinese-English Dictionary,* New York, N. Y., 1978; weitere Ideogramme aus S. T. Lee, *A New Complete Chinese-English Dictionary,* Hong Kong, 1980.

Seufzern der Erleichterung und der Sehnsucht aufgenommen, ein Tor zu ihrer Vergangenheit und
Kultur. Das Kompendium seltsamer Erfindungen,
das ich aus dem Wörterbuch destilliert hatte, wurde
mit unerwarteter Aufmerksamkeit überschüttet.
Der Kritiker Ouyang Jianghe in Beijing schrieb, das
Buch eröffne der chinesischen Gegenwartslitera-
tur neue Perspektiven. Wolfgang Kubin, der Nestor
der deutschen literarischen Sinologie, stellte fest,
die Fabeln hätten sein Denken über den Austausch
zwischen Ost und West verändert. Jahrelang wurde
ein Projekt betrieben, die Texte in einer zweispra-
chigen, dem Wesen nach vor allem chinesischen[7]
Ausgabe als Schulbuch herauszubringen, um Mil-
lionen von Schülern ebenso in den Tiefen des Chinesischen wie in der Oberfläche des Englischen zu
bilden. Das ist zwanzig Jahre her. Mangelnde Streb-
samkeit der Übersetzerin brachte die Sache schließlich zum Erliegen. Im heutigen China wäre ein sol-
ches Buch undenkbar.

Mit seiner neuen Strategie hätte das Buch im Zu-
sammenhang mit der idealistischen Tradition der
radikalen Intellektuellen während der *Sturm-und-
Drang*-Epoche der frühen chinesischen Moderne
um 1920–1930 gestanden, dem Kreis von Denkern
wie Lin Yutang, die kühne Spekulationen über eine
Erneuerung der Sprache von innen nach außen an-
stellten. Oder von außen nach innen.[8]

---

7 Siehe unten, Abschnitt *Die unmögliche Übersetzung.*
8 Umfangreich west-östlich gebildete Weltbürger, waren auch sie
   überzeugte Patrioten, die draufgängerisch darauf hinarbeite-

Leben und Sterben in China

Zeichen

Die Ideogramme oder Zeichen der chinesischen
Schrift sind aus vereinfachten bildlichen Darstel-
lungen entstanden. Sie sind figurativ, nicht pho-
netisch. Sie bezeichnen weder Klänge noch Wörter,
sondern Dinge und Vorstellungen, die aus solchen
Dingbildern abgeleitet sind. Im Prinzip ist das Be-
griffsbild nicht an die chinesische Sprache gebun-
den. Es könnte in einer beliebigen Sprache gesagt
werden, sofern diese über ein Wort für diesen Begriff verfügt. So sind die chinesischen Zeichen im
Prinzip das Gegenteil des westlichen alphabeti-
schen Buchstabierens nach den Klängen der Wörter.
Allerdings hat man es schon in längst vergessenen
Jahrhunderten bei vielen Ideogrammen nützlich
gefunden, ihnen auch phonetische Elemente beizu-
geben.

Im Grunde kann man sagen, daß jeder Begriff in
seinem eigenen Zeichen dargestellt wird, und daß
dieses Zeichen nicht dazu dienen kann, etwas anderes zu schreiben, während bei uns im Westen gut

---

ten, die kulturelle Vergangenheit über Bord zu werfen, damit ein
neues, modernes, erfolgreiches China mit dem Westen zu westlichen Bedingungen mithalten könnte, die Sprache eingeschlos-
sen. Sie waren sich mehr oder weniger darüber einig, daß es die
Sprache war, die China in Rückständigkeit hielt. Manche wollten,
daß das Chinesische in einem westlichen Alphabet geschrieben
werde, und mindestens einer trat überhaupt für die Abschaffung
der Sprache ein, um das große Land mit einem Schlag von allen
alten Zöpfen zu befreien.

zwei Dutzend Buchstaben durch Umsortieren sämtliche Wörter abbilden können. Ohne einen einzigen weiteren Buchstaben können wir aus dem Plural *housemen* den Singular *mouse hen* machen. Zu dem *baren Raben* braucht man nur die Buchstaben des *Raben*. Im Prinzip gibt es also in China ebenso viele Begriffe wie es Zeichen gibt.[9] Im Lauf der Zeit sind ungefähr 40000 Schriftzeichen entstanden,[10] wovon allerdings viele im Dunkel der Geschichte verloren gegangen sind, schwer zu knacken, umstritten oder schlichtweg unverständlich.

Vokabular
Ein Ko-Fabular

Jede Fabel ist nur mit den englischen Wörtern geschrieben, die für ein bestimmtes Ideogramm eingetragen sind. Es sind nicht nur die Bedeutungen des alleinstehenden Zeichens, sondern ebenfalls die seiner üblichen Verbindungen mit anderen, wie sie in einer langen Tradition des Sprechens und der Literatur entstanden sind. Ein anderes Zeichen davor, ein anderes danach, und schließlich beides, also drei. Redewendungen.

---

9 Können wir im Westen wirklich sicher sein, daß wir über genug Begriffe verfügen, damit für jeden unserer 26 Buchstaben einer abfällt?

10 Man begreift, daß Lin Yutang (1895 Banzai, Fujian - Hongkong 1976), der mit seinen Büchern ein gewisses Vermögen verdient hatte, sich mit dem jahrzehntelangen Versuch, eine chinesische Schreibmaschine zu entwickeln, ruiniert hat. Die Ergebnisse seiner Forschungen bilden allerdings heute noch die Grundlage der Chinesisch-Schreibprogramme für Rechner.

Titel und rote Zeichen

Jede Fabel trägt einen Titel, den der Autor aus dem Text gegriffen hat. Darunter steht in Klammern eine Kernbedeutung des zugrunde liegenden chinesischen Zeichens, das jeweils auf der linken Seite daneben in dem Rot zu sehen ist, das in China zu festlichen Anlässen und für die Umschläge zu papierenen Geschenken (wie zeremoniellem Geld) verwendet wird.

Die Bestandteile und die geschichtliche Entwicklung einiger der interessantesten Zeichen werden in einem *Glossar* umrissen, S. 265.

Interpretation

Ich habe die englischen Wörter als englische oder »europäische« aufgefaßt, d.h. ich habe die Wortgattungen nicht verändert. Substantiv ist Substantiv geblieben und Verbum Verbum, obschon im Chinesischen diese Unterscheidungen nicht eine Eigenschaft des Ideogramms sind, sondern bloß eine Funktion des Zusammenhangs.[11] Aber ich habe keinen Betrug zugelassen, der mein Ko-Fabular reicher hätte aussehen lassen, als es ist: englische Homonyme habe ich verschmäht.

Zusammenbau

Bei dem Aneinanderreihen der Zitate aus dem Wörterbuch habe ich grammatische oder rhetorische

---

11 Was auch im Englischen nicht selten der Fall ist, allerdings nicht so oft, wie es die gedankenlosen und wortverarmten Sprechenden oder Journalisten der Gegenwart wahrhaben möchten.

Lücken oft mit einschlägigem Material geschlossen: *so – wie – hat – ist – aber – es – wenn – in – war – wird – nach – und – daß – denn – seit – weil- noch,* usw. Dabei galt die Regel (oder Einbildung), daß solche Lückenwörter zwar die Disposition des Wortschatzes in Syntax und Rhythmus, in Zeit, Raum und Kausalität regeln mochten, aber der Sache nach den Bildern und Begriffen nichts hinzufügen sollten.

Held und Heldin

Es gibt davon nur eine Ausnahme: das Personalpronomen, vielleicht auch Held oder Heldin. Aber nur auf seinen grammatischen Charakter ist Verlaß. Das Übrige ist flüchtig und variabel, folgt der Phantasie des Lesenden. Umrisse entstehen, Eigenschaften und Gestalten, Täter oder Opfer. Märchen, Rätsel und Karrieren. Es ist alles Einbildung. Man kann es jederzeit wieder einreißen. Oder doch nicht?

Symmetrien

Nichts ist aus dem Wörterbuch im verkehrten Sinn abgeschrieben, aber öfters verkehrt sich der Sinn. Die Wortreihen verlaufen oft in Pleonasmen, in Tautologien oder in einer analogen Morphologie. Gelegentlich aber drehen sie, gehen in die entgegengesetzte Richtung: der Zerstörer wird zu einem Zerstörten, der Leuchtende zu einem Beleuchteten oder zu einem Schatten.[12]

---

12 In Exemplaren des Buches, die ich vor Jahren (weil sie mir ausgegangen waren) auf dem Internet-Gebrauchtmarkt nach dem Tod ihrer Besitzer gekauft habe, war dies eine der am häufigsten von (im Westen lebenden) Chinesen in Bleistift annotierten Passagen.

Nicht chinesisch

Das Ko-Fabular, der Steinbruch, aus dem die Wörter stammen, macht die Fabeln weder chinesisch noch authentisch. Sie ähneln nicht chinesischer Literatur. Täten sie es, wären sie mißlungen. Es kommt nur darauf an, daß der Wort-Erzeuger von Grund auf anders funktioniert als die Sprache, in der dann geschrieben wird.[13]

Das Gedrängel im Rücken

Jede Fabel ist mit ihrem eigenen, knappen Wortschatz geschrieben, also unter drastisch eingeengten Möglichkeiten. Diesen formalen Nöten hat alle Aufmerksamkeit gegolten. Keinen Augenblick hat der Verfasser daran denken können, welchen Sinn er dem Text geben wollte, welche Erfahrungen dieser aufnimmt oder bloßlegt.

So sind Sinn und Erfahrung, falls überhaupt, ganz unbeaufsichtigt hineingekommen hinter dem Rücken des Verfassers. Sie passen vielleicht zu nichts, was er sich in den Kopf gesetzt hat.

Aber was hat ihn bewogen, aus der kurzen Liste dieses und jenes Wort herauszugreifen und miteinander zu verknüpfen? Was, wenn nicht das Gedrängel hinter seinem Rücken?

Wie man das Buch lesen soll

Unverhoffter Rat von dritter Seite
Es hatte eine Lesung aus *Leben und Sterben in China*

---

13 Ebenfalls mehrfach chinesisch kommentiert.

in dem geräumigen Saal der Setzerei gegeben, ausgestattet mit bulligen Holztischen und Monotype-Setzmaschinen für heißes Blei, die liebevoll in Schuß gehalten wurden und noch lange dazu dienten, höchst ungewöhnliche und schöne Bücher zu machen, als diese Technik schon durch kostengünstigen Lichtsatz abgelöst war.

Das Publikum diskutierte *Leben und Sterben in China*. Der Eigentümer der Firma, der Buchgestalter und Lektor Franz Greno,[14] verdrossen über das, was er zu hören bekam, sprang mit einem Satz auf einen Tisch und zürnte dem Publikum. »Ihr seid zu feige, um Euer eigenes Leben in die Waagschale zu werfen,« rief er aus. »Zu feige, um Euere Biographie durch das Raster dieses Buchs zu betrachten und in Frage zu stellen. Das ist der Grund, weshalb Ihr aus diesem Buch nicht alles herausholen könnt, was es Euch zu geben hat, und sei es noch so alarmierend.«

Wie man den Autor lesen soll

Nach einer Lesung in der Buchhandlung *Turmschieber* im Erdinger Moor, das damals noch nicht die Betonplatte eines Flughafens war, kam ein junges Paar nach vorn. Es hatte das Buch auf den Urlaub an den griechischen Strand mitgenommen und im Sande liegend viel gelacht. »Aber in der Geschichte auf S. 227, *Die Revolte,* da haben Sie doch Ihre Autobiographie geschrieben?«

Ich warf einen Blick darauf. Sie hatten recht. Ich

---

14 Nicht der Verleger der Erstausgabe dieses Buches.

habe mich bei ihnen entschuldigt. Wenn ich gewußt hätte, daß es von mir handelt, hätte ich bescheidenere Worte genommen.

Die unmögliche Übersetzung

Stellen Sie sich chinesische Ideogramme vor. In jedem steckt ein Wollknäuel, Verzweigungen, verhedderte Bedeutungen. Das wartet nur darauf, daß jemand daran herumzupft und, wenn er endlich einen Zipfel in den Fingern hält, sich entfernt, einen immer längeren Wörterfaden hinter sich herziehend. Wie soll ein Anderer, der Übersetzer, das zurücktragen und wieder in das Knäuel stopfen können? Wie soll jemand mit dem widerspenstigen Faden fertig werden, der sich jetzt zu einer westlichen Äußerung ausgewachsen hat, wenn er dabei nur weitere solcher fruchtbar verfilzten Wörter zu Hilfe nehmen kann? Wie kann man das Auseinanderziehen ungeschehen machen? Wo wollen Sie mit der Zeit hin, die den Faden entlang verläuft? Zeit ist das Element, das daraus eine Geschichte oder ein Rätsel macht. Das Ideogramm läßt keine Zeit laufen. Es führt keinen Film vor. Es ist ein Punkt, prall mit Möglichkeiten, aber keine Linie.

Zumindest in der unerbittlichen Theorie ist Chinesisch die einzige Sprache, in die man dieses Buch nicht übertragen kann, so wie es eine mißliche Aufgabe bleibt, Jiddisch ins Deutsche zu übersetzen. Im letzteren Fall droht man an der Nähe der beiden Sprachen zu scheitern, an der Abwandlung der Phonetik, als wäre sie in einen anderen musikalischen Schlüssel transponiert, und an einer Semantik, die vor lauter Unterschieden vibriert. Zuviel Differenz, um es mit dem selben Wort zu sagen und gleichzeitig zu nah, als daß man es mit einem anderen Wort sagen könnte.

Im Falle des Chinesischen ist es der letzten Endes unüberwindliche Unterschied zum Englischen, der die Fruchtbarkeit des hier entstandenen westlichen Buches begründet. Die 8000 Meilen zwischen New York City, wo das Buch geschrieben wurde, und Hongkong oder Beijing, sind in jedem Satz präsent. Sie sind das Trampolin. Die chinesischen Wurzeln und die englischen Blüten sind strukturelle Gegensätze. Die chinesischen Zeichen sind bewegungslos schwebende Ballungen in Frage kommender Bedeutungen, noch nicht angezapft. Die englischen Blüten sind wie durch Exegese auseinandergesetzt, benannt in einer diachronischen linearen Darbietung.

Der brodelnde Vulkan

Diese Fabeln und *Thumbnail Sketches* beschreiben nicht, wie es ist, in China zu leben. Sie beschreiben, wie es ist, in der chinesischen Sprache zu sein. Das sieht man hier dramatischer als in tatsächlich chinesischen Texten,[15] und zwar weil hier das Chinesische nicht Chinesisch spricht. Weder auf Chinesisch noch in Übersetzungen chinesischer Texte.

In unserem Fall wird das Material der Sprache,

---

15 Was ich erkennen, allerdings nicht aus eigener Fähigkeit beurteilen kann.

jedenfalls auf den ersten Blick, nicht in Dienst genommen um etwas zu sagen. Es sagt sich nur selbst. *Dies ist, was ich bin, was ich kann.* Die Wörter werden losgeschickt, um zu sein.[16]

Wahrsagen aus Schlangenhäuten

Erst dann kommt ein Westler vorbei, wirft einen Blick darauf und stoppelt Vokabeln auf gut Glück zusammen. Das ist ungefähr dasselbe wie die Wahrsagerei aus den abgestreiften Hüllen von Schlangen, die sich gehäutet haben.

Auf diese Weise werden einige Muster des Chinesischen ausgestopft oder auf Keilrahmen gezogen. Mehr *story* gibt's dann nicht.

In regelrechten chinesischen Texten werden die Muster der Sprache natürlich aufgefressen von dem Erzählen, das sich ihnen überlagert. Sie als Leser nehmen gar nicht wahr, was die Sprache alles anstellt. Sie denken, es ist der Autor des Textes.

Ein Bild paßt auf viele Anblicke

Daß dieses Phänomen so extrem weit ausgreift, ist spezifisch Chinesisch. Ein Bild paßt auf viele Anblicke. So kommen Affinitäten zustande zwischen Sachen, die sonst nichts miteinander zu tun haben. Wirbel. Strudel. Sie blicken in den brodelnden Vulkan magmatischer Sprache.

---

16 In den Sprachen des Westens lassen sich am Wort haftende Morphologien nur nach dem Klang bilden. *Ich bin die Tanne. Ich bin die Pfanne. Ich bin die Kanne. Ich bin Anne.*

In den Fabeln sind die Analogien am Werk, Ketten von nahen und fernen Ähnlichkeiten. Sie wuchern wie ein Dschungel. Aber genau so großartig eignen sie sich dazu, Verschiedenstes zusammenzuraffen. Der Kern der Analogie ist die Essenz in all den einzelnen Dingen, die sie beieinander hält.

Der Lotse der Morphologien

Ideen in China bestehen aus Morphologien. Der Lotse, der sie an viele Orte entführt, ist die Analogie. Alles kommt durch Gestalt zustande, nicht durch Gedanken. Gedanken, kann ich bei dieser Gelegenheit einflechten, werden überschätzt.[17]

Im Westen gibt es die Ideen stückweis einzeln. Lauter Einsiedler. Man kann und muß sie verknüpfen, aber auch dann sehen sie sich nicht ähnlich. Man setzt sie in einer zielgerichteten geistigen Tätigkeit zueinander in Beziehung. Sie sind nicht als Klone oder in rhyzomischem Wachstum miteinan-

---

17 Im Frühjahr 1986 brachte mich der österreichische Autor Walter Vogl vom Wiener Südbahnhof zum Flughafen Schwechat, was ihm eine Stunde Zeit bot. Er hatte gerade vom Funk, vom ORF. seine erste Zusage für eine Sendung erhalten, einen einstündigen Literaturessay. Von verständlicher Begeisterung übersprudelnd erzählte er mir, er habe schon ganz viele Ideen dafür. Ach, fiel ich ihm freundschaftlich ins Wort, machen Sie sich keine Gedanken um die Gedanken. Gedanken sind etwas ziemlich Ordinäres.
Jeder hat Gedanken, ich kann ihnen sagen! Überlegen Sie lieber, welche Gestalt Sie der Zeit geben wollen. Denken Sie sich einen guten Rhythmus für die sechzig Minuten aus. Die Gedanken werden sich dann ganz von allein auf die Stühle der Zeit setzen.

der verwandt. Sie hängen nicht (wie im Chinesischen) zusammen durch Ähnlichkeiten des Aussehens, bei denen die Ideen selbst (jede einzelne Idee) nicht viel mitzureden haben.

Was uns auf den ersten Blick als verwirrende chinesische Verspieltheit erscheinen mag oder ein Vernarrtsein in blumige Ausdrücke, ist nichts Geringeres als die vulkanische Aktivität von Gestaltfamilien. Sie stellen die Welt wie in einem Bilderbuch auf, das sich beim Umblättern von selbst erschließt.

Da der Leib des Gesagten aus Analogien besteht, hat jedes Ideogramm immer noch mehr vorzubringen, als der Sprecher gesagt hat.

Im Bann des Klanges (Grunzen)

Das sind keine Wörter wie bei uns, wo die Schrift die Aussprache buchstabiert. Klänge, die sich um den Sinn nicht scheren. Unsere Schrift investiert nichts in die Wörter, bringt ihnen nichts mit. In der Tat besitzt das Alphabet nichts, was es sagen könnte. Das Wort seinerseits, woher soll es die Schrift denn kennen? Eine bloße Rille auf der Grammophonplatte! Bei uns herrschen Atem und Alphabet. Die Gestalt der Dinge, die im Chinesischen entscheidend ist, weil sie das Wort erst erschafft, sie fehlt im Westen ganz und gar.

China hingegen hat seit Tausenden von Jahren das Wort verbildlicht, vom Bild her durchdrungen und gefestigt. Das (symbolisch) Anschauliche *ist* das Wort. Zugleich führen die Ideogramme das

Wort an einer sehr langen Leine, denn es kann den bildlichen Verlockungen überallhin folgen.

Das Zeichen hat das Wort erschaffen. Was den Leuten aus dem Mund kommt, ist nur die Aussprache. Flüchtiger Brodem (Vergl. S. 53). Die Zeiten, als der Klang des Gesprochenen den Kern der Äußerung bildete, sind in China seit Tausenden von Jahren vorbei, vermutlich schon seit kurz nach dem Ende der Verständigung durch Grunzen. Im Westen sind wir immer noch auf dieser Stufe.

Das geistige Inventar

Das geistige Inventar in China verläßt sich nicht auf Ideen. Es besteht aus Bildern. Natürlich gibt es auch Ideen, aber sie gehören den Bildern. Sind sekundär. Haben sie gar am Ende nicht mehr zu melden als die in unserem Alphabet notierten Luftschwingungen?

Die Analogien der Morphologie machen vor nichts halt. Sie nehmen keine Rücksicht auf Kategorien.[18] Gierig und achtlos greifen sie quer durch alle

---

18 Der im Westen ausgebildeten chinesischen Architektin Fang Qun in Schanghai berichtete der Verfasser einst von einem Journalisten in Beijing, der an ihn herangetreten war, aber Termine verschob oder es an anderen Tagen nicht über das Herz brachte, in der Gegenwart zu enzscheiden, was in der Zukunft sein sollte. Schließlich versuchte er mit unüberhörbarer geistiger Anstrengung seine mißliche Lage auf den Begriff zu bringen. Stockend presste er heraus: *Chinese people have no concept of time.* Fang Qun zögerte keinen Augenblick, die Wurzel des Übels ans Licht zu zerren: *Chinese people have no concept of what it is to have a concept,* versicherte sie.

Disziplinen, alle Handwerke und Gewerbe, Kenntnisse und Berufe. Ein absonderliches Nägelchen des Schusters steht in quasi-stofflicher Verwandtschaft mit Elektroden in digitalen Geräten, mit Ohrclips oder Zahnimplantaten, mit Notenzeichen der Musik oder Steno-Kürzeln des Buchhalters, mit Saatkörnern, Milliardenstel-Sekunden-Karrieren subatomarer Partikel, Abrieb im Motorenöl, Befehlen der Programmiersprache, Sägespänen, Wimpern, Hagelkörnern und Schönheitspflästerchen.

Das Chinesische erdrückt uns geradezu mit seiner Anschaulichkeit, namentlich in der Übersetzung, wo wir alles von ihr lesen und nichts von ihr sehen. Seine Wörter sind Knospen, Ableger, Stecklinge. Die Sprache durchdringt die Welt wie der Bambus sich unter der Erde in Rhizomen fortpflanzt. Nur daß die Sprache nicht, wie die diversen Bambusarten, alle 65 bis 120 Jahre einmal blüht und dann abstirbt.

Bruch mit der Vergangenheit

Der Bruch mit der Vergangenheit ist eine Konstante in der chinesischen Geschichte. Seine Ausmaße, seine Bedeutung als Herrschaftsinstrument können nicht genug betont werden – auf Reichs-, provinzieller oder städtischer Ebene. Die Kulturrevolution (1966–1976) war nur das auffälligste, lärmendste und rüpelhafteste Beispiel für einen solchen Bruch in jüngster Zeit. Aber sie reihte sich ein in eine lange Reihe von Auslöschungen dessen, was zuvor vonstatten gegangen war. Die Größenordnung des Bruchs bestimmt mithin das Maß der Sehnsucht, Verlorenes zurückzugewinnen. In dieser Aufholjagd war ich unbeabsichtigt zum Kurier (mit Lius Wörterbuch) und Werkzeuglieferanten geworden (mit dem vorliegenden Werk).

Schönheit

Die Chinesen haben ihre eigene Vorstellung von Schönheit. Ungeachtet grenzenlosen Stolzes auf die langen Traditionen chinesischer Kunst ist Schönheit in China ihrem Wesen nach neu. Glänzend und glatt. Sie ist verschmolzen mit dem verführerischen polierten Neu-Sein industrieller Erzeugnisse. Nicht verschlissen, nicht faltig, nicht verkratzt. Nichts von dem verrottenden oder meergebleichten Holz, das so gut in der japanischen Photographie weggekommen ist. Keine welken Blumen. Keine romantischen Ruinen für Chinesen. Wissen Sie denn nicht, daß die wertlos sind? Da ist kein Dach mehr darauf. Es regnet rein. Die Wände zerbröckeln. Da ist nichts Schönes daran. Sowas wollen Sie malen?

Schönheit und das Objektiv (Im Freien)

Das ist eine besonders gefahrvolle Situation. Jeder kann sehen, was geschieht. Manche Chinesen werden unerbittlich ihre politische Ästhetik durchsetzen. Wehe dem Rott Photog![19]

Jahrelang ist der Verfasser in Sichuan und Yunnan herumgezogen und hat Großformat-Aufnah-

---

19 *Anglizismus*, wehe dem Photographen des Verrottenden!

men von verwitternden Wänden im Freien mit abblätternden Palimpsesten farbiger Schriften gemacht. Immer wieder wurde er belehrt, daß diese wertlos, häßlich und unlesbar seien. Daß sie kein Interesse für sich beanspruchen könnten. Daß sie längst hinüber seien.

Während er in einer herabgewirtschafteten Papiermaschinenfabrik mit eigener Gießerei in Zhabei (im Norden Schanghais) umständlich die Aufnahme eines riesigen, beschädigten und verrosteten Werktores vorbereitete, das schon vor Jahren halb geöffnet in seinen Schienen steckengeblieben war, umringte ihn ein Trupp der gut ausgebildeten Facharbeiter. Ihr Interesse galt allein der Technik der Kamera, nicht dem Bild. *Es ist ein schlechtes Tor,* drangen sie immer wieder auf ihn ein, der über ihnen auf einer Leiter stand. *Vergeude deine Kraft nicht damit.* Mannhaft verausgabte sich der Verfasser in einer Art Volkshochschul-Kursus, den die Assistentin Da Tou[20] dolmetschte. *Es ist ein schlechtes Tor, aber (gerade deshalb) ein gutes Bild. Ihr könnt sehen, wie es euch viele Jahre lang beschützt und dabei selbst Schaden genommen hat. Ihm habt ihr zu verdanken, daß ihr bei Regenstürmen weiter an eurem teuren Spezialstahl arbeiten konntet. Für den Versand eurer Maschinen hat es sich geöffnet.* Es hat nichts gefruchtet.

Weit über tausend Portraits von Schaufensterpuppen hat er aufgenommen, die dort auf den Trot-

20 d.h. Großkopf; also eine zierliche Person, deren Kopf proportional größer ist.

toirs stehen. Die Erfahrungen standen ihnen ins Gesicht geschrieben. Das Leben war nicht immer sanft mit ihnen umgegangen. Sie zeigten Charakter. Manche litten. Wimpern hingen herab. Kratzer. Eine Nase abgescheuert oder gebrochen. Manchmal stürzten die Ladner heraus, hielten breit ihre Fuchtelhände vor die nicht mehr astreinen Gesichter, oder Pappe, Kleidungsstücke, Lappen. Sie schalten den Photographen. Schubsten ihm makellose Exemplare vor das Stativ.

Als der Photograph einmal in Schanghai seine Gerätschaften aufbaute, um ein einfaches Haus aus den zwanziger Jahren frontal aufzunehmen, schon mit Brettern vernagelt und auf den Abbruch wartend, brach ein zorniger Passant einen Streit vom Zaun, versuchte die zehntausend Dollar teure Kamera umzuschmeißen, rief dann die Polizei, die den Photographen verhaftete. Ohne Zeit zu verlieren erklärten die Beamten, als man schon auf der Wache war, das Haus zum militärischen Sperrgebiet. Es hat manche List gebraucht, da wieder herauszukommen.

Kurz und gut, wenn es nicht frisch vom Fließband kommt, ist ein Ding schon entwertet. Das ist dann für die Armen. Schönheit ist eins geworden mit industrieller Perfektion. Ideeller *Kunstwert* kann sich daraufsetzen, aber ein solcher könnte nicht auf schäbigem Hintergrund überleben (und es würde auch niemand *Kunstwert* daran verschwenden). Ein älteres Objekt ist diesen Erwartungen nicht gewachsen. Allein schon der Gedanke Schönheit verweigert den Objekten eine Vergangenheit und lehnt Objekte mit Vergangenheit ab. Die Schönheit hat keine Wurzeln in der Zeit, die hinter uns liegt, und sie hat dort auch nichts verloren. Auf diese Weise wird Schönheit zum Träger des Zeitbruchs und macht auch noch überzeugende Reklame dafür.

Verfall

Die Schönheit des Verfalls bleibt unverständlich. Sie wüßten nichts mit einem Gemälde von Wols anzufangen und verstünden nicht, warum man sich den verschmierten Schmutz und das kindische Gekritzel auf einem Cy Twombly anschauen soll. Vor zwanzig Jahren, mit der Kamera in der Hand, hätte man einen dicken Band prächtiger und endlos vielfältiger farbenreicher Bilder hauptsächlich von organischer Materie zusammenstellen können, unter dem Titel *La ji tong,* der Inhalt von Mülltonnen auf den Straßen verstreut. Von dem *coffee table book* hätte man eine Million Exemplare drucken und verteilen können. Danach hätte man immer noch im ganzen Reich keine einzige Person auftreiben können, die verstanden hätte, was das sollte.

Altertümer

Überall in dem Riesenreich findet man ehrwürdige alte Tempel, groß und klein, viele von ihnen, wie man hört, sehr angesehen. Jeder enthält hunderte von Buddhas, meistens in grobem und schrillen Stil, was bei volkstümlichen religiösen Bildwerken nicht ungewöhnlich ist. Sie gleißen in dem Acryllack unserer Jahrzehnte als hätten die frommen Besucher sie seit Jahren mit Speck abgerieben.

Bei der ersten Ankunft in China zeigte eine chinesische Freundin dem Verfasser vom Pekinger Hotelfenster ein bekanntes antikes Bauwerk, etwa eine Meile entfernt. Der Verfasser protestierte. Nicht antik. Nicht einmal alt. Etwas in der Gestalt verriet ihm, daß es armierter Beton war. Ein Besuch überzeugte die Freundin.[21]

Seit 1999 pflegte der Verfasser zu sagen, daß China viele antike Artefakten habe. Manche seien sogar achtzehn Jahre alt, aber viele noch nicht. *Antik* ist eine idealistische Eigenschaft, so etwas wie eine Legende. Es ist nicht als physische Beschaffenheit gedacht. Tatsächlich erklären einem die meisten Leute bereitwillig, daß die Antiquitäten ja von viel besserer Qualität seien, wenn sie erst unlängst und aus den weitaus haltbareren modernen Materialien angefertigt wurden. Das sehe auch viel besser aus. Das alte Zeug (falls da vorher etwas war, was nicht als zwingende Voraussetzung für eine Antiquität gilt) konnte man überhaupt nicht vorzeigen.

Die Zukunft bringt eine neue Vergangenheit

Dali ist eine pittoreske Stadt in einer entlegenen Gebirgsgegend von Yunnan mit einem Sortiment von

---

21 Kaum verwunderlich, da dieses Bauwerk wie viele andere altgediente Sehenswürdigkeiten nach den Schäden, die sie während des verheerenden Erdbebens von Tangshan 1976 erlitten hatten, von Grund auf wiederhergestellt worden war.

ethnischen Gruppen, Sprachen und Küchen. Mit dem Beginn des neuen Jahrtausends sprach sich herum, daß erfolgreiche Künstler aus Beijing wie Fang Lijun dort Häuser kauften. Zugleich kamen Wellen von Leuten in Dali an, die gern Künstler sein wollten, sowie um dreißig Jahre verzögerte chinesische Hippies. Bankangestellte und Personen aus anderen oder gar keinen Berufen aus Schanghai, Beijing und Chengdu führten in den schlichten Bars, was ihnen als ein Künstlerleben galt. Beim mittäglichen Aufstehen stählten sie sich an dem sportsmännischen Anblick der besteigenswerten Landschaft, der sich aus den Fenstern ihrer Dachkammern bot. Das zog sich so lange hin, bis ihnen die Kohle ausging und sie wieder in das Leben zurückkehrten, mit dem sie pathetisch gebrochen hatten. Die am wenigsten Geld hatten, hielten am längsten durch. Rucksackreisende aus dem Westen erschienen. Der tibetische Maler Nima betrieb ein angenehmes und fortwährend wachsendes Hotel, das geschickt als *Mekong Cultural Association* aufgezogen war. Auf den vier Rechnern, die im Empfangsbereich den Gästen zur Verfügung standen, schrieben junge Amerikaner ihre Romane oder Dissertationen.

Viele Restaurants entlang der schmalen Hauptstraße hatten vor allem Tische auf dem Bürgersteig, denn drinnen war nur Platz für die Küche. Der ganze Ort auf 2200 m lag in kerngesunder, jungbrunnenhafter Gebirgsluft. Aber dieser wußte man mit althergebrachten Hausmitteln zu begegnen. Während die faszinierend altertümlichen Gefährte mit einem Einzylindermotor, der an Kilogramm wettmachte, was ihm an PS abging, und deren Lenkung darin bestand, daß der Kutscher mit einer Stange die Vorderachse hin- und herschwenkte, in Peking und sogar in den Kreisstädten von Sichuan allmählich aus dem Straßenbild verschwanden, machten sie in Dali weiterhin einen erheblichen Anteil des Verkehrs vor den Restauranttischen aus. Ihre gewaltigen Rußwolken sorgten dafür, daß die von weither angereisten Städter keinen Schaden an der gesunden Luft nehmen konnten.

Rußfrei waren die Müllfahrzeuglein. Schon motorisiert, nicht mehr menschgeschoben, waren sie klein genug für die schmalen Gassen. Zwei flache Deckel über ihrem Rücken waren angelüpft wie Maikäferflügel, damit die Anrainer ihre kleinen Beutel einwerfen konnten, während das Gefährt weiterkroch. Zu dem nie endenden Entzücken des Verfassers kündigten sie den Einwohnern ihr Kommen an, indem sie die Melodie des verhaßten *Happy Birthday to You* aus kleinen klötrig verzerrenden Plastik-Lautsprechern herausplärrten.

Noch im Jahr 2003 besaß Dali vier altertümliche Stadttore, klobige gedrungene quadratische Türme aus rauh behauenen Steinen mit einem tunnelartigen Durchgang zu ebener Erde. Vier Jahre später gab es schon acht davon. Es versteht sich von selbst, daß sie alle aus demselben Altertum stammen, was als Anhaltspunkt für das Erbauungsdatum der Nummern 1 bis 4 dienen kann. Die Tore 5 bis 8 unterscheiden sich durch nichts von den anderen, außer daß sie viel schöner sind, denn in ihrem Innern gibt es zu beiden Seiten des Tunnels neonbeleuchtete Läden. Über das Alter der Läden läßt sich offiziell nichts in Erfahrung bringen. Man ist auf haltlose Mutmaßungen angewiesen, aber das scheint niemanden zu kümmern.

Das ist ein neuartiger Schachzug, was das Brechen mit Vergangenheiten angeht. Was dieses Jahr unsere Gegenwart ist und für gewöhnlich schon nächstes Jahr zu unserer Vergangenheit würde, das ist jetzt nicht mehr so. In ihrer künftigen Karriere als Vergangenheit wird unsere Gegenwart als verkehrt überführt werden. Die Zukunft wird uns zu einer Vergangenheit verdonnern, von der wir nichts wußten, als wir sie lebten.

Der Verfasser hat seinen Agenten und den Verleger benachrichtigt, daß er aus diesem Buch in Dali nicht vortragen wird, bis es weitere 100 Stadttore gibt, womit zuverlässig jeglicher Vorrat an Wurfgeschossen aufgebraucht wäre, mit denen man ihn steinigen könnte.

Namen, die es nie gegeben hat

Sie zerstören die Bauten ihrer Vorgänger und errichten neue Paläste. Sie lassen die Namen verschwinden, die ihre Vorgänger den Dingen und Orten gegeben haben. Um nur ein Beispiel anzuführen, unterzog die damalige Verwaltung von Honqiao in Schanghai im Jahre 2005 den bisherigen *Kinder-Verkehrspark* einer Neugestaltung (wobei unter anderem eine Skulptur des Verfassers aufgestellt wurde). Nicht den im Amt befindlichen Parteikumpanen verdankte die Welt diese Anlage, sondern einer früheren Funktionärsgruppe. Keine Spur dieser peinlichen und eigentlich so gut wie unwahren Tatsache sollte überleben dürfen. Fortan würde es ein fabelhaftes, farbenprächtiges, funkelnagelneues, harmonisch auf die rundherum neu entstandenen Bürotürme abgestimmtes Freigelände sein. Jedermann wäre es klar, daß es wie ein Wunder aus dem Nichts für das in Ehrfurcht erstarrende gemeine Volk von ihren großzügigen und liebevollen, gegenwärtig amtierenden Regierungseltern geschaffen wurde. Zum allerersten Mal, versteht sich. Niemand hatte je zuvor dort einen Park bemerkt. Natürlich mußte der Name weg.[22] Mit einem Gewaltakt, bei dem die überanstrengte Phantasie sich das Rückgrat gebrochen haben muß, wurde daraus der *Park für Geschäftsleute.* Eine viel noblere Kategorie.

Vorher waren in dem Gelände eine Anzahl karosserieförmiger Betonklötze in Kinderformat verstreut, ohne Dach, damit man sich hineinsetzen konnte. Als Spielzeug und Schmuck paßte das zu ei-

---

22 So sehr sie sich auch anstrengen mögen, reicht doch die Macht chinesischer unter-Kaiser noch nicht über den ganzen Erdball. Im Jahr 2019 wird die Örtlichkeit von westlichen Reisevermittlern wie *Expedia* immer noch als *Children's Traffic Park* beworben, auch wenn man kaum verstehen kann, was denn für den westlichen Reisenden daran sein soll (ohne die alten Betonautos). Der bloße Versuch, mit dem Gelände zu locken, bezeugt die blindäugige Dreistigkeit der *travel sites.*

nem Ort, wo Kinder das Verhalten im Verkehr lernen sollten. Diese Autos waren klobig, unbeholfen und abgenutzt genug, um in Westlern Nostalgie für eine ihnen unvorstellbare Kindheit auszulösen. Der mit dem Projekt beauftragte Schanghaier Architekt, ein Australier namens James Brearley,[23] wollte ein paar von diesen Klötzen als Würze für den Park beibehalten. Keine Chance. Alles mußte raus. Es hatte doch nie eine Vergangenheit gegeben. Wie könnte es also einen Verweis auf eine Vergangenheit geben, die nie gewesen war?

Schuldt
Hamburg, im August 2019

---

23 Brearley Architects & Urbanists, was er so benannt hat, damit er es in kennerischer Anspielung auf das Bauhaus BAU abkürzen kann.

Glossar

Zusammengetragen und dem Verfasser
verständlich gemacht von Liu Yang

Alles Strichwerk

*Das Material
formt die Schrift*

*Das Werkzeug
formt das Material*

Die Schriftzeichen aus drei Jahrtausenden in dem nachstehenden Glossar bieten eine Vielzahl von Formeigenschaften. Das ist Beschaffenheit, wohlgemerkt. Wir sprechen nicht von der Gestalt der Gestalt. Nicht von dem Bild, nicht von dem Sinn.

Dünne Striche also und breite, krakelige und üppige, gebauscht wie Waden. Das ist nicht in erster Linie eine Frage von Stilwillen oder Mode, Schöpfertum oder Traditionswissen. Das Aussehen verdankt sich dem Material, sodann dem Werkzeug, mit dem es bearbeitet wurde.

Die ältesten Zeichen wurden, wie es im Glossar mit Absicht jeweils vermerkt wird, in Knochen eingeritzt. So sehen sie auch aus. Das ist weder Mickrigkeit des Handwerks noch schlechte Reproduktion. Die Knochen mit den Zeichen wurden ins Feuer geworfen, bekamen Risse in der Hitze oder spalteten sich gar. Der Wahrsager hat dann aus dem Verlauf der Risse neben den oder durch die geritzten Zeichen seine Schlüsse gezogen.

Dann entstanden Inschriften in Bronzeguß. Die Zeichen sind gegossen, nicht nach dem Guß in das Metall graviert. Sie wurden vor dem Guß in der Sandform angelegt. Sie sind weicher und schwingender. Während der Qin-Dynastie wurde sehr viel in Stein geschrieben, oft direkt am Berg oder in Höhlen. Im ganzen Reich wurden auf kaiserlichen Befehl als Vorbild und zur Normierung der Schrift Sammlungen von Steintafeln mit immergleicher Schrift aufgestellt, ebenso wie damals auch die Waagen und Gewichte reichsweit vereinheitlicht wurden. Durch jahrhundertelange Verwitterung mehr oder weniger entformt, sind diese Tafelsammlungen, auch aus späteren Dynastien, heute noch an vielen Orten zu besichtigen.

Pflanzliches Material wurde viel verwendet, Zeichen in Bambus geschnitzt oder in kleine Holztäfelchen eingeschnitten, die man durch Löcher mit Schnüren zu mehrseitigen Holzbüchern verbunden hat. Ein neuer Werkstoff wurde erfunden, der dem Auge Kontrast bot, Wässriges gut aufsaugte und dessen Rückstand trocken in seinen Poren bewahrte. Sobald es Papier gab, begann man darauf mit Pinsel und Tusche zu schreiben. Eine enorme Vielfalt und Variabilität der Breiten verlockte zum gestalteten, künstlerisch gemeinten Schreiben. Es war das erste Medium, das eine zuvor ungeahnte und nicht vermißte individuelle Entscheidungsfreiheit mit sich brachte, die durch Vorstellungen von Meditation und Kalligraphie diszipliniert wurde.

Beim Meißeln in Stein hat man sich die Meditation ganz gut verkneifen können. Schon das Verreiben der Tusche war Einstimmung.

Das moderne Zeitalter arbeitet mit starren, endlos wiederabdruckbaren Lettern zunächst aus Holz, dann aus Metall, denen industriegemäß der individuelle Ausdruck abgeht, auch jener durchaus eiserne, der bei uns die verschiedenen Schriften unterscheidet. Heute kommen sie wie bei uns allesamt aus dem Rechner.

Unter Mao wurden in den fünfziger Jahren des vorigen Jahrhunderts die sogenannten Kurzzeichen eingeführt, oft bis zur Unkennntlichkeit ihrer Wurzeln vereinfacht oder amputiert. Die Herrschaft der Partei in Abwesenheit einer werbungtreibenden Wirtschaft brachte es mit sich, daß das Schriftgut im Straßenleben ungewöhnlich viel, groß und präsent wurde, jedoch ausschließlich aus Agitation und ideologischer Volkserziehung bestand. Darin erschienen die Kurzzeichen einerseits als brettartige, arthritisch steife Riesenlettern für Plakate, geometrisch hartrandig wie das geschiente Bein in Gips. Dann schlugen diese als Stil über in die händische Verfertigung von Schrift mit Pinseln, eine auffällige Verrohung, der extreme Gegenpol der kalligraphischen Tradition.[24]

Denn in dieser klobigen Manier wurden die übermannshohen Mauern beschriftet, die sich vieler-

---

24 die ausgerechnet Mao selbst weiter pflegte, als wollte er sich beweisen, daß er es mit den Mandarinen von einst aufnehmen könne.

orts an den chinesischen Chausseen entlangziehen. Losungen die, alle paar Wochen neu ausgegeben, hastig übermalt wurden; Sprüche wie *Lang lebe der Große Vorsitzende Mao.* Schließlich, als der Druck der Politik eine Generation lang nachließ, verkündeten dieselben, mit unbeholfener Hand die starre Mechanik noch übertreffenden Zeichen den Ruhm von Zahnpasta und dem Fünfkornschnaps *Wu Liang Ye.*

Viele der heute gängigen chinesischen Schriften für Drucksachen erscheinen dem Westler dürr und langweilig, ein sinntragendes Gehedder aus Spinnenbeinen. Die hier im Hauptteil verwendete, organisch wirkende *Kai* ist den Pinselschriften nachempfunden.

Die Furt   *Die Fabel steht auf Seite 11*

Spätes Shang
(1600–1046 v. Chr.)
In Orakelknochen
geritzt.

Ein langer Strich in der Mitte
und zwei kurze daneben bilden
das Wasser. Links oben und
rechts unten je ein Fuß.

Spätes Xizhou
(1046–771 v. Chr.)
Bronzeguß

Ein langer Strich in der Mitte
und zwei kurze daneben bilden
das Wasser. Links oben und
rechts unten je ein Fuß.

Spätes Xizhou
(1046–771 v. Chr.)
Bronzeguß

Links fließt das Wasser,
drei Linien. Rechts zwei Füße.

Spätes Xizhou
(1046–771 v. Chr.)
Bronzeguß

Links ein langer und vier kurze
Striche sind Wasser. Rechts zwei
Füße beidseits an einem Wasser.

Zhanguo
(475–221 v. Chr.)
In Bambus u. hölzerne
Bücher geschnitten.

Zwei lange Striche mit je zwei
kurzen sind das Wasser in der
Mitte. Oben und unten je ein
Fuß.

Qin
(221–207 v. Chr.)
In Stein geschnitten.

Links und rechts fließt Wasser.
In der Mitte oben und unten je
ein Fuß.

Qin
(221–207 v. Chr.)
In Stein geschnitten.

Links Wasser.
Rechts zwei Füße.

Heutige Form

Links aus drei Punkten das
Wasser. Rechts das Zeichen
für *Schritt*.

Spätes Xizhou
(1046–771 v. Chr.)
Bronzeguß

Die Umrandung von oben ist das Dach. Vier keimförmige Kreuze sind Heu. In der Mitte ein Mensch. Striche unten sind Eis.

Qin
(221–207 v. Chr.)
In Bambus u. hölzerne Bücher geschnitten.

Die Umrandung ist das Dach. Vier Kreuze sind das Heu. Der flache Winkel darunter ist der Mensch. Zwei Striche unten zeigen Eis.

Spätes Xizhou
(1046–771 v. Chr.)
Bronzeguß

Die Umrandung von oben ist das Dach. Keimförmige Kreuze sind Heu. In der Mitte ein Mensch.

Qin
(221–207 v. Chr.)
In Bambus u. hölzerne Bücher geschnitten.

Die Umrandung bildet das Dach. Zwei keimförmige Kreuze sind das Heu. Der flache Winkel unter den Kreuzen ist der Mensch. Zwei Striche unten zeigen das Eis.

Zhanguo
(475–221 v. Chr.)
In Bambus u, hölzerne Bücher geschnitten.

Vier Kreuze symbolisieren das Heu. In der Mitte ein Mensch.

Heutige Form

Unter einem Dach ist Heu gestapelt. Die langen Striche nach links und rechts sind der Mensch, dessen oberer Abschnitt mit einer der Vertikalen des Heustapels eins geworden ist. Zwei Tüpfel unten sind das Vereiste.

Qin
(221–207 v. Chr.)
In Stein geschnitten.

Die obere Umrandung ist das Dach. Unter ihm vier Keimgabeln als Heu. Dazwischen schlängelt sich ein Mensch. Zwei spitzige Striche unten stellen das Eis dar.

Lebenskraft *Die Fabel steht auf Seite 55*

Spätes Shang
(1600–1046 v. Chr.)
In Orakelknochen
eingeritzt.

Der untere Strich bildet den Erdboden, aus dem das Gras herauswächst.

Zhanguo
(475–221 v. Chr.)
In Bambus u. hölzerne
Bücher geschnitten.

Die beiden unteren Striche zeigen den Erdboden. Darüber das strotzende Gras.

Spätes Xizhou
(1046–771 v. Chr.)
Bronzeguß

Aus dem Erdboden sprießt der Grashalm.

Qin
(221–207 v. Chr.)
In Stein geschnitten.

Unten aus zwei Strichen der Erdboden. Darüber wächst das Gras empor.

Spätes Xizhou
(1046–771 v. Chr.)
Bronzeguß

Unten der Erdboden. Das Gras wächst.

Qin
(221–207 v. Chr.)
In Bambus o. hölzerne
Bücher geschnitten.

Aus dem Erdboden der beiden unteren Striche schießt ein dickes Gras empor.

Spätes Xizhou
(1046–771 v. Chr.)
Bronzeguß

Die beiden unteren Striche zeigen den Erdboden. Aus ihm sprießt das Gras.

Heutige Form

Die Vertikale bildet mit den unteren Waagrechten die *Erde*; oberster Quer- und Schrägstrich links deuten Grashalm an.

Gelegenheit ergreifen *Die Fabel steht auf Seite 63*

Spätes Shang
(1600–1046 v. Chr.)
In Orakelknochen
geritzt.

Oben ein Mensch, unten ein Baum: ein Mensch ist in die Baumkrone gestiegen.

Spätes Xizhou
(1046–771 v. Chr.)
Bronzeguß

Oben ein Mensch, unten ein Baum: ein Mensch, in die Baumkrone gestiegen.

Spätes Xizhou
(1046–771 v. Chr.)
Bronzeguß

Oben ein Mensch, unten ein Baum: ein Mensch, in die Baumkrone gestiegen.

Zhanguo
(475–221 v. Chr.)
In Bambus u. hölzerne
Bücher geschnitten.

Unten der Baum. Oben ein Mensch in veränderter Darstellung.

Qin
(221–207 v. Chr.)
In Stein geschnitten.

Oben ein Mensch (der flache Deckel). Klammert sich links und rechts mit den Füssen an den Baum. Die Heftklammer unten ist der Baum, Äste gehen nach oben.

Qin
(221–207 v. Chr.)
In Stein geschnitten.

Unten der Baum. Äste nach oben, Füße daran geklammert.

Qin
(221–207 v. Chr.)
In Bambus u. hölzerne
Bücher geschnitten.

Unten Baum, oben Mensch.

Heutige Form

Unten das Zeichen für *Baum*. In dem Baum sind links und rechts die beiden Füsse zu erkennen.

Zerbrochen *Die Fabel steht auf Seite 87*

Spätes Shang
(1600–1046 v. Chr.)
In Orakelknochen
geritzt.

Zwei Hellebarden (Stangenäxte)
stehen gegeneinander.

Qin
(221–207 v. Chr.)
In Stein geschnitten.

Links der tote Schädel. Rechts zwei
Waffen übereinander.

Spätes Shang
(1600–1046 v. Chr.)
In Orakelknochen
geritzt.

Zwei Waffen stehen gegeneinander.

Qin
(221–207 v. Chr.)
In Stein geschnitten.

Links der tote Schädel. Rechts das
zerteilte Fleisch.

Spätes Xizhou
(1046–771 v. Chr.)
Bronzeguß

Links zwei Waffen übereinander.
Rechts ein Mensch.

Qin
(221–207 v. Chr.)
In Bambus u. hölzerne
Bücher geschnitten.

Zwei Wa*ff*en übereinander.

Qin
(221–207 v. Chr.)
In Bambus u. hölzerne
Bücher geschnitten.

Zwei Waffen stehen gegeneinander.

Heutige Form

Link**s** der tote Schädel Rechts zwei
Wa*ff*en übereinander.

Erwartung *Die Fabel steht auf Seite 95*

Spätes Shang
(1600–1046 v. Chr.)
In Orakelknochen
geritzt.

Ein Mensch mit weit geöffnetem
Auge schaut in die Ferne.

Spätes Shang
(1600–1046 v. Chr.)
In Orakelknochen
geritzt.

Ein Mensch steht auf einem Erd-
haufenund schaut mit weit geöffnetem Auge in die Ferne.

Spätes Xizhou
(1046–771 v. Chr.)
Bronzeguß

Ein Mensch steht auf einem Erdhaufen und schaut mit großem
Auge in die Ferne.

Spätes Xizhou
(1046–771 v. Chr.)
Bronzeguß

Links ein Mensch mit weit geöffnetem Auge. Rechts der Mond.

Zhanguo
(475–221 v. Chr.)
In Bambus u. hölzerne
Bücher geschnitten.

Links ein Mensch mit weit geöffnetem Auge. Rechts steht ein Fuß auf
einem Erdhaufen.

Zhanguo
(475–221 v. Chr.)
In Bambus u. hölzerne
Bücher geschnitten.

Unten der Erdhaufen. Oben links
das Auge, rechts der *Mond*.

Qin
(221–207 v. Chr.)
In Stein geschnitten.

Unten der Erdhaufen. Oben links
ein Mensch, rechts der *Mond*.

Heutige Form

Unten das Zeichen für *Erdhaufen*. Oben rechts der *Mond*, links
das Aussprache-Zeichen für
Wang.

Absolut zerschneiden *Die Fabel steht auf Seite 109*

Spätes Shang
(1600–1046 v.Chr.)
In Orakelknochen
geritzt

Links ein Messer. Rechts zwei
Seidengarne.

Spätes Xizhou
(1046–771 v.Chr.)
Bronzeguß

Zwei Seidengarne, durchtrennt
von dem Messer rechts. Das Abge-
schnittene scheint auf der Klinge
zu liegen.

Zhanguo
(475–221 v.Chr.)
In Bambus u.hölzerne
Bücher geschnitten.

Zwei Seidengarne, durchtrennt
von dem Messer rechts. Die untere
Strecke der Garne wird gezeigt,
als sei das Messer durchsichtig.

Zhanguo
(475–221 v.Chr.)
In Bambus u. hölzerne
Bücher geschnitten.

Zwei Seidengarne, durchtrennt von
dem Messer links.

Qin
(221–207 v.Chr.)
In Stein geschnitten.

Zwei Seidengarne, durchtrennt von
dem Messer rechts. Die Horizon-
talen bilden die Klinge, das Abge-
schnittene sieht man trotzdem.

Qin
(221–207 v.Chr.)
In Stein geschnitten.

Links die Seidengarne, rechts das
Messer.

Qin
(221–207 v.Chr.)
In Bambus u. hölzerne
Bücher geschnitten.

Links die Seidengarne, rechts das
Messer.

Heutige Form

Links die Seidengarne, rechts oben
das Zeichen Messer. Rechts unten
könnte es sich um eine Übertrei-
bung von Messer handeln.

Herausschießen *Die Fabel steht auf Seite 111*

Spätes Shang
(1600–1046 v. Chr.)
In Orakelknochen
geritzt.

Bogen mit davonschnellendem
Pfeil.

Spätes Shang
(1600–1046 v. Chr.)
In Orakelknochen
geritzt.

Links ein Bogen mit abgeschosse-
nem Pfeil, rechts die Hand.

Spätes Xizhou
(1046–771 v. Chr.)
Bronzeguß

Links ein Bogen mit abgeschosse-
nem Pfeil, rechts die Hand.

Zhanguo
(475–221 v. Chr.)
In Bambus u. hölzerne
Bücher geschnitten.

Links der Bogen, rechts die Hand.

Qin
(221–207 v. Chr.)
In Stein geschnitten.

Links ist der Bogen zum Körper
geworden, rechts ein Pfeil.

Qin
(221–207 v. Chr.)
In Stein geschnitten.

Links der Körper, rechts eine Hand.

Qin
(221–207 v. Chr.)
In Bambus u. hölzerne
Bücher geschnitten.

Links der Körper, rechts eine Hand.

Heutige Form

Links der *Körper* mit dem Bogen.
Rechts das Maß *Zoll*, abgeleitet von
der Graphik für Hand wie z. B. in
dem zweitobersten oder vorletzten
Zeichen hier.

Fliehen *Die Fabel steht auf Seite 121*

Spätes Shang
(1600–1046 v. Chr.)
In Orakelknochen
geritzt.

Ein Mensch läuft mit schwingenden Armen.

Spätes Xizhou
(1046–771 v. Chr.)
Bronzeguß

Ein Mensch läuft mit schwingenden Armen. Unten ein Bild für Fuß. Einzelne Striche links deuten die Geschwindigkeit an.

Spätes Xizhou
(1046–771 v. Chr.)
Bronzeguß

Ein Mensch läuft mit schwingenden Armen. Unten ein Bild für Fuß.

Zhanguo
(475–221 v. Chr.)
In Bambus u. hölzerne
Bücher geschnitten.

Ein Mensch läuft mit schwingenden Armen. Unten ein Bild für Fuß.

Spätes Xizhou
(1046–771 v. Chr.)
Bronzeguß

Ein Mensch läuft mit schwingenden Armen. Unten ein Bild für Fuß.

Qin
(221–207 v. Chr.)
In Stein geschnitten.

Ein Mensch läuft mit schwingenden Armen. Unten ein Bild für Fuß.

Spätes Xizhou
(1046–771 v. Chr.)
Bronzeguß

Zwei Menschen laufen mit schwingenden Armen. Unten ein Bild für Fuß.

Heutige Form

Oben ein abgewandeltes Zeichen für Mensch. Unten ein Bild für Fuß.

Fliegen   *Die Fabel steht auf Seite 129*

Zhanguo
(475–221 v. Chr.)
In Bambus u. hölzerne
Bücher geschnitten.

Oben rechts die Krone des Vogels.
Unten auf beiden Seiten die Federn
und Flügel.

Qin
(221–207 v. Chr.)
Kalligraphie
(Pinsel und Tusche)

Oben die Krone des Vogels.
Der durchgehende senkrechte
Strich symbolisiert Körper und
Schwanz. Der linke Flügel hat
Federn verloren.

Zhanguo
(475–221 v. Chr.)
In Bambus u. hölzerne
Bücher geschnitten.

Oben rechts die Krone des Vogels.
Unten auf beiden Seiten die Federn
und Flügel.

Heutige Form

Oben die Krone. Der mittlere
senkrechte Strich zeigt Körper und
Schwanz des Vogels. Der linke Flügel hat nicht mehr viele Federn.

Qin
(221–207 v. Chr.)
In Stein geschnitten.

Oben die Krone des Vogels. Der
durchgehende senkrechte Strich
symbolisiert Körper und Schwanz.
Unten beidseits Federn und Flügel.

Heutige Form
vereinfachtes Zeichen

Zwei Striche rechts zeigen das
Gefieder an.

Ehrwürdig *Die Fabel steht auf Seite 167*

Spätes Shang
(1600–1046 v. Chr.)
In Orakelknochen
eingeritzt.

Alter Mann mit Gehstock (der Strich rechts unten).

Zhanguo
(475–221 v. Chr.)
In Bambus u. hölzerne
Bücher geschnitten.

Oben ein alter Mann (Mensch mit Haar). Das untere Zeichen stellt den Gehstock dar.

Spätes Shang
(1600–1046 v. Chr.)
In Orakelknochen ein-
geritzt.

Alter Mann mit Gehstock (drei Striche unten).

Qin
(221–207 v. Chr.)
In Stein geschnitten.

Oben ein alter Mann (Mensch mit Haar). Das untere Zeichen stellt den Gehstock dar.

Spätes Shang
(1600–1046 v. Chr.) In
Orakelknochen ein-
geritzt.

Alter Mann mit Gehstock (Strich rechts).

Qin
(221–207 v. Chr.)
In Bambus u. hölzerne
Bücher geschnitten.

Oben alter Mann als Mensch mit Haar. Das untere Zeichen stellt den Gehstock dar.

Spätes Xizhou
(1046–771 v. Chr.)
Bronzeguß

Oben der alte Mann. Unten der Gehstock.

Heutige Form

Oben alter Mann als Mensch mit Haar. Das untere Zeichen stellt den Gehstock dar.

Eilen   *Die Fabel steht auf Seite 189*

Spätes Xizhou
(1046–771 v.Chr.)
Bronzeguß

Oben läuft ein Mensch und
schwingt die Arme. Unten stehen
drei Füße für viele Fußabdrücke.

Spätes Xizhou
(1046–771 v.Chr.)
Bronzeguß

Oben läuft ein Mensch und
schwingt die Arme. Unten stehen
drei Füße für viele Fußabdrücke.

Spätes Xizhou
(1046–771 v.Chr.)
Bronzeguß

Oben läuft ein Mensch und
schwingt die Arme. Unten stehen
drei Füße für viele Fußabdrücke.

Zhanguo
(475–221 v.Chr.)
Bronzeguß

Oben läuft ein Mensch und
schwingt die Arme. Unten sind aus
drei Füßen drei Zeichen für Gras
geworden.

Qin
(221–207 v.Chr.)
In Stein geschnitten.

Oben läuft der Mensch auf drei
Gräsern unter ihm.

Qin
(221–207 v.Chr.)
In Bambus u. hölzerne
Bücher geschnitten.

Oben läuft der Mensch auf drei
Grashalmen unter ihm.

Heutige Form

Oben das Zeichen *groß* für einen
laufenden Menschen. Das heraus-
gerückte Bein betont den Lauf-
schritt. Unten bildet Kreuz über Tor
das Zeichen für *Blume*, auch Gras.

Exzeß *Die Fabel steht auf Seite 191*

Zhanguo
(475–221 v. Chr.)
In Bambus u. hölzerne
Bücher geschnitten.

Die auseinandergespreizten Striche
bedeuten etwas Großes; der zusätz-
liche Strich rechts zeigt eine Steigerung an.

Zhanguo
(475–221 v. Chr.)
In Bambus u. hölzerne
Bücher geschnitten.

Die zwei gespreizten Striche bedeuten etwas Großes. Rechts der Stum-
mel aufwärts, mit Zweiglein ab-
wärts, bedeutet Steigerung.

Zhanguo
(475–221 v. Chr.)
In Bambus u. hölzerne
Bücher geschnitten.

Die Arme ausgebreitet, die Beine
gespreizt: *groß.* Das Strichlein dazwischen steigert.

Zhanguo
(475–221 v. Chr.)
In Bambus u. hölzerne
Bücher geschnitten.

Zwei gespreizte Striche (Arme und
Beine) bedeuten etwas Großes. Der
rechts den Arm querende Strich
zeigt eine Steigerung an.

Qin
(221–207 v. Chr.)
In Stein geschnitten.

Dem Zeichen *groß* sind unten zur
Steigerung zwei Striche beigege-
ben.

Qin
(221–207 v. Chr.)
In Stein geschnitten.

Schlaff hängen die Arme von *groß*
herab. Der Strich darunter steigert
die Größe, nicht die Erschlaffung.

Heutige Form

Das Strichlein links an der Wade
macht das Zeichen *groß* zum *Exzeß.*

Groß   *Die Fabel steht auf Seite 195*

Spätes Shang
(1600–1046 v. Chr.)
In Orakelknochen
geritzt.

Stehender Mensch.

Zhanguo
(475–221 v. Chr.)
In Bambus u. hölzerne
Bücher geschnitten.

Breitarmig spreizbeinig steht der
Mensch da: *groß*.

Spätes Xizhou
(1046–771 v. Chr.)
Bronzeguß

Breitbeinig stehender
Mensch.

Qin
(221–207 v. Chr.)
In Stein geschnitten.

Die Arme ausgebreitet bedeutet
groß.

Spätes Xizhou
(1046–771 v. Chr.)
Bronzeguß

Breitbeinig steht ein Mensch, breitet die Arme aus, also groß.

Qin
(221–207 v. Chr.)
In Bambus u. hölzerne
Bücher geschnitten.

Breitet er die Arme aus, bedeutet
der Mensch *groß*.

Zhanguo
(475–221 v. Chr.)
In Bambus u. hölzerne
Bücher geschnitten.

Breitbeinig stehender Mensch,
Kopf dick gemacht.

Heutige Form

Stehender Mensch von vorn,
Arme ausgebreitet.

Quetschen *Die Fabel steht auf Seite 203*

Spätes Shang
(1600–1046 v. Chr.)
In Orakelknochen
geritzt.

Ein *großer* Mensch. Zwei kleine, zu nah, bedrängen ihn. Sie sind das Verbum, verbildlichen *Gequetscht werden.*

Qin
(221–207 v. Chr.)
In Stein geschnitten.

Ein großer Mensch in der Mitte. Zwei kleine springen ihn von links und rechts an.

Spätes Shang
(1600–1046 v. Chr.)
In Orakelknochen
geritzt.

Links ein großer Mensch. Rechts ein kleiner Drängler.

Qin
(221–207 v. Chr.)
In Bambus u. hölzerne
Bücher geschnitten.

Ein großer Mensch. Links und rechts haben sich zwei kleine Gestalten an ihm festgekrallt.

Spätes Xizhou
(1046–771 v. Chr.)
Bronzeguß

Ein großer Mensch. Zwei kleine stellen das Gedrängel dar.

Heutige Form

In der Mitte das Zeichen *groß*, zugleich *Mensch*. Links und rechts drängeln zwei Menschen.

Zhanguo
(475–221 v. Chr.)
In Bambus u. hölzerne
Bücher geschnitten.

Ein großer Mensch in der Mitte, zwei kleine Drängler links und rechts.

Heutige Form,
vereinfachtes Zeichen

Die Kenntlichkeit von *Mensch* rechts und links geht verloren, es bleibt von jedem nur ein Tüpfel, ein Graphismus.

Gründlich   *Die Fabel steht auf Seite 215*

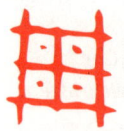

Spätes Shang
(1600–1046 v. Chr.)
In Orakelknochen
geritzt.

Unterteilter Acker, dicht mit Pflanzen bebaut.

Spätes Xizhou
(1046–771 v. Chr.)
Bronzeguß

Unterteilter Acker, dicht mit Pflanzen bebaut. Die geschlossene Fläche unten steht für das Fürstentum *Zhou*.

Spätes Xizhou
(1046–771 v. Chr.)
Bronzeguß

Unterteilter Acker, dicht mit Pflanzen bebaut.

Zhanguo
(475–221 v. Chr.)
In Bambus u. hölzerne
Bücher geschnitten.

Unterteilter Acker, dicht mit Pflanzen bebaut. Die Fläche unten ist hier an das Hauptbild herangezogen.

Zhanguo
(475–221 v. Chr.)
In Bambus u. hölzerne
Bücher geschnitten.

Unterteilter Acker, dicht mit Pflanzen bebaut. Die umschlossene Fläche unten stellt das Fürstentum *Zhou* dar.

Qin
(221–207 v. Chr)
In Stein geschnitten.

Unterteilter Acker, dicht mit Pflanzen bebaut. Von dem Fürstentum bleibt nur ein Schlenkerschwanz.

Qin
(221–207 v. Chr.)
In Stein geschnitten.

Unterteilter, dicht bepflanzter Acker. Die Fläche unten ist wieder geschlossen.

Heutige Form

Der unterteilte bepflanzte Boden ist noch zu erkennen. Das Fürstentum wird als Mund dargestellt.

Belagern   *Die Fabel steht auf Seite 229*

Spätes Shang
(1600–1046 v. Chr.)
In Orakelknochen
geritzt.

Oben ist ein Gebiet. Darunter zwei Füsse, sie symbolisieren die Masse der Belagerer.

Spätes Xizhou
(1046–771 v. Chr.)
Bronzeguß

Das Zeichen ist nun eingerahmt. Oben und unten die Füße der Umzingler, in der Mitte die umzingelte Fläche.

Spätes Shang
(1600–1046 v. Chr.)
In Orakelknochen
geritzt.

Oben Füße in einer umrandeten Fläche, die umzingelten Menschen. Unten zwei Füße im Offenen, sie sind die Masse der Belagerer.

Zhanguo
(475–221 v. Chr.)
In Bambus u. hölzerne
Bücher geschnitten.

Veränderte Umrandung. Im Inneren die Füße.

Spätes Shang
(1600–1046 v. Chr.)
In Orakelknochen
geritzt.

Eine Fläche mit zwei prallen Füßen stellt die umzingelten Menschen dar.

Qin
(221–207 v. Chr.)
In Stein geschnitten.

Andere Umrandung. Darin oben und unten die Füße derer, die die Fläche in der Mitte umzingeln.

Spätes Shang
(1600–1046 v. Chr.)
In Orakelknochen
geritzt.

Oben zwei Füße umzingelt, unten im Freien zwei Füße der Umzingler.

Heutige Form

Umrandung eckig. Oben und unten Füße, die die Fläche in der Mitte (das Zeichen *Mund*) umzingeln.

Verzeichnis der Fabeln

Erst kommt jeweils der Titel, danach in Klammern die Kernbedeutung des chinesischen Zeichens, aus dem der Text entstanden ist.

Folgenden Personen bin ich sehr dankbar: Günter Berg in Berlin, Harald Clapham in Hamburg, Hu Lan in Dharamsala, Laszlo Kornitzer in Berlin, Wolfgang Kubin in Beijing, Liu Yang in Hamburg für das Glossar und die Auswahl der chinesischen Schrift, Nadine Mooren in Köln, Ouyang Jianghe in Beijing, Wieland Schulz-Keil in Berlin und Marsala/Sizilien, Shi Ming in Berlin, Hans Stumpfeldt (†) in Hamburg, Xi Chuan in Beijing, Yan Li in Schanghai und Kyllikki Zacharias in Berlin.

Leben und Sterben in China erschien zum ersten Mal 1983
im Hanser Verlag, München.
Die vorliegende Ausgabe wurde vom Verfasser über-
arbeitet und erweitert.

Erste Auflage Berlin 2021
© 2021 MSB Matthes & Seitz Berlin
Verlagsgesellschaft mbH
Göhrener Str. 7, 10437 Berlin
info@matthes-seitz-berlin.de
Alle Rechte vorbehalten.
Umschlaggestaltung: Ralf Schnarrenberger, Hamburg
Druck und Bindung: Pustet, Regensburg
Printed in Germany
ISBN 978-3-95757-946-1
www.matthes-seitz-berlin.de